Karten zur Bibel

3. Auflage 1998

Titel der englischen Originalausgabe:
„Bible Mapbook“

Aus dem Englischen von Arnd Strube

Karten und Grafiken:
Simon Jenkins, Roy Lawrance und Lesley Passey

Handschriftliche Texte:
Rosemarie Kloos-Rau, Wiesbaden

Satz: Typostudio Rücker, Linden
Hergestellt in Slovenien
ISBN 3-7655-5735-8

Karten zur Bibel

Simon Jenkins

BRUNNEN
VERLAG GIESSEN · BASEL

Inhalt

4 Wir wollen einen König 41

5 Das Königreich wird geteilt 57

6 Ein neuer Anfang 71

7 Das Leben Jesu – eine neue Epoche 83

8 Die ersten Christen 99

9 Mit Paulus unterwegs 109

Einleitung

Gott greift in die Geschichte ein. Das ist die Überzeugung der Bibel. Daran ist er zu erkennen, und deshalb erinnerten sich die Israeliten z.B. an das Leben der Erzväter und den Durchzug durchs Rote Meer. Sie erzählten weiter, was geschehen war; nicht um die Vergangenheit zu verklären, sondern um auch den kommenden Generationen von den großen Taten Gottes zu berichten.

Viele der biblischen Geschichten werden anschaulich und mit vielen Einzelheiten erzählt: Wer wessen Vater war, auf welcher Seite des Hügels eine Stadt lag, oder wieviele Tage man brauchte, um von einem Ort zum andern zu gelangen. Den heutigen Lesern bereitet diese Ausführlichkeit gelegentlich Schwierigkeiten. Wir sind in jenen Ländern nicht zu Hause und verlieren leicht den Überblick. Liegt Bethlehem nun nördlich oder südlich von Jerusalem, die Stadt Jericho östlich oder westlich des Jordanflusses?

Das vorliegende Buch möchte eine Art „Fremdenführer" sein. Jede Karte illustriert eine bestimmte Begebenheit und veranschaulicht einen bestimmten Gedanken. Einzelheiten eines biblischen Berichtes, die auf den ersten Blick verwirren und den Fluß der Erzählung zu stören scheinen, erweisen sich bei näherem Hinsehen oft als aufschlußreich und wichtig.

Neben herkömmlichen Karten vermitteln Computergrafiken eine plastische Vorstellung von den zerklüfteten Bergen und tiefen Tälern, die für den Ausgang einer Schlacht oder eine geglückte Flucht von Bedeutung waren.

Die Karten sollten parallel zur aufgeschlagenen Bibel benutzt werden. In den Anmerkungen zu jeder Karte sind die entsprechenden Bibeltexte genannt. Das vorliegende Buch folgt der biblischen Chronologie, und jedes Kapitel beginnt mit einer kurzen Einführung in die jeweilige Epoche.

Jedes Buch über die Bibel ist gleichzeitig auch Auslegung. Dieser Atlas will nicht entscheiden, wie einzelne biblische Ereignisse zu verstehen sind. So wird zum Beispiel nicht abgewogen, ob der Zug des Volkes Israel aus Ägypten möglicherweise auch eine andere Route genommen hat, und die Darstellung des Reiseverlaufs bei der dritten Missionsreise von Paulus folgt lediglich einer der möglichen Interpretationen, die entsprechende Hinweise der Bibel zulassen. Die Zerstörung Jerichos, Samarias oder des zweiten Tempels wird jeweils nur angedeutet.

Erkennt doch, daß der Herr seine
Heiligen wunderbar führt;
der Herr hört, wenn ich ihn anrufe.

(Psalm 4,4)

1
DIE WELT DER BIBEL

Die Völker der Bibel

GRIECHEN – In der Zeit zwischen dem Alten Testament und dem Neuen Testament umfaßte das griechische Imperium das ganze östliche Mittelmeergebiet.

RÖMER – Das Römische Weltreich war zur Zeit des Neuen Testaments nicht bedroht und gut organisiert. Es löste die Herrschaft des griechischen Reiches ab. Kulturell blieb das Griechentum aber bestimmend (Hellenismus).

PHILISTER – „Seevölker", die sich etwa zur Zeit des Auszugs Israels in Kanaan niederließen. Sie bedrückten Israel in der Zeit seiner Richter. Erst unter den Königen Saul und David konnte ihre Macht gebrochen werden.

ÄGYPTER – Sie stellten die einflußreiche südliche Großmacht des Alten Testaments dar – wenn auch bereits vom Niedergang bedroht.

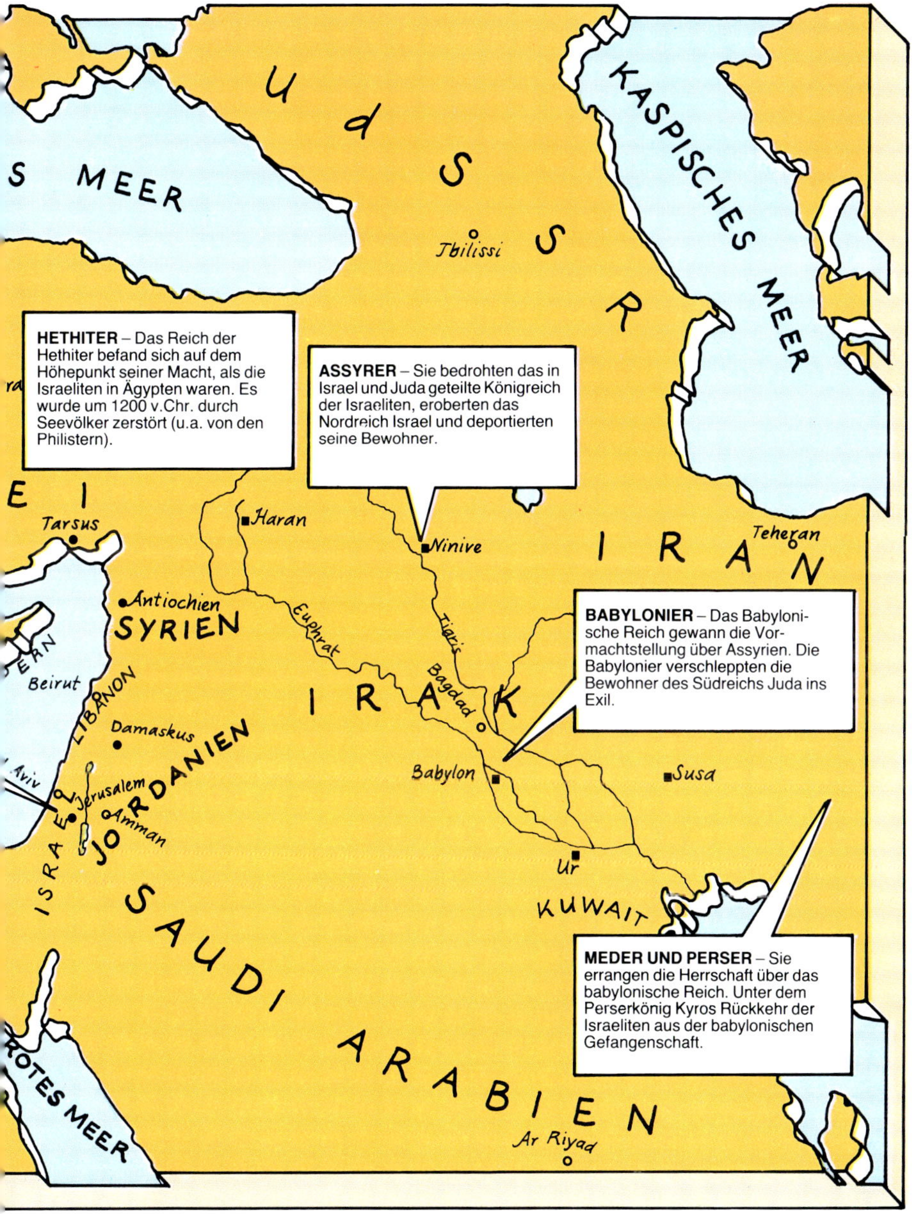

HETHITER – Das Reich der Hethiter befand sich auf dem Höhepunkt seiner Macht, als die Israeliten in Ägypten waren. Es wurde um 1200 v.Chr. durch Seevölker zerstört (u.a. von den Philistern).

ASSYRER – Sie bedrohten das in Israel und Juda geteilte Königreich der Israeliten, eroberten das Nordreich Israel und deportierten seine Bewohner.

BABYLONIER – Das Babylonische Reich gewann die Vormachtstellung über Assyrien. Die Babylonier verschleppten die Bewohner des Südreichs Juda ins Exil.

MEDER UND PERSER – Sie errangen die Herrschaft über das babylonische Reich. Unter dem Perserkönig Kyros Rückkehr der Israeliten aus der babylonischen Gefangenschaft.

Israel zur Zeit des AT

Israel zur Zeit des NT

Die Landbrücke

Palästina ist ein schmales Land, begrenzt durch das Meer im Westen und die Wüste im Osten. Es stellt die Landverbindung zwischen drei Kontinenten dar: zwischen Europa, Asien und Afrika.

Zur Zeit der Bibel führten deshalb bedeutende Handels- und Heerstraßen durch dieses Land, das an seiner schmalsten Stelle nur 90 km breit ist. Dort als Nation zu leben und zu überleben, mußte aussichtslos erscheinen. Trotzdem schafften es die Israeliten mit kurzen Unterbrechungen über einen Zeitraum von fast 1300 Jahren.

Straßenkarte

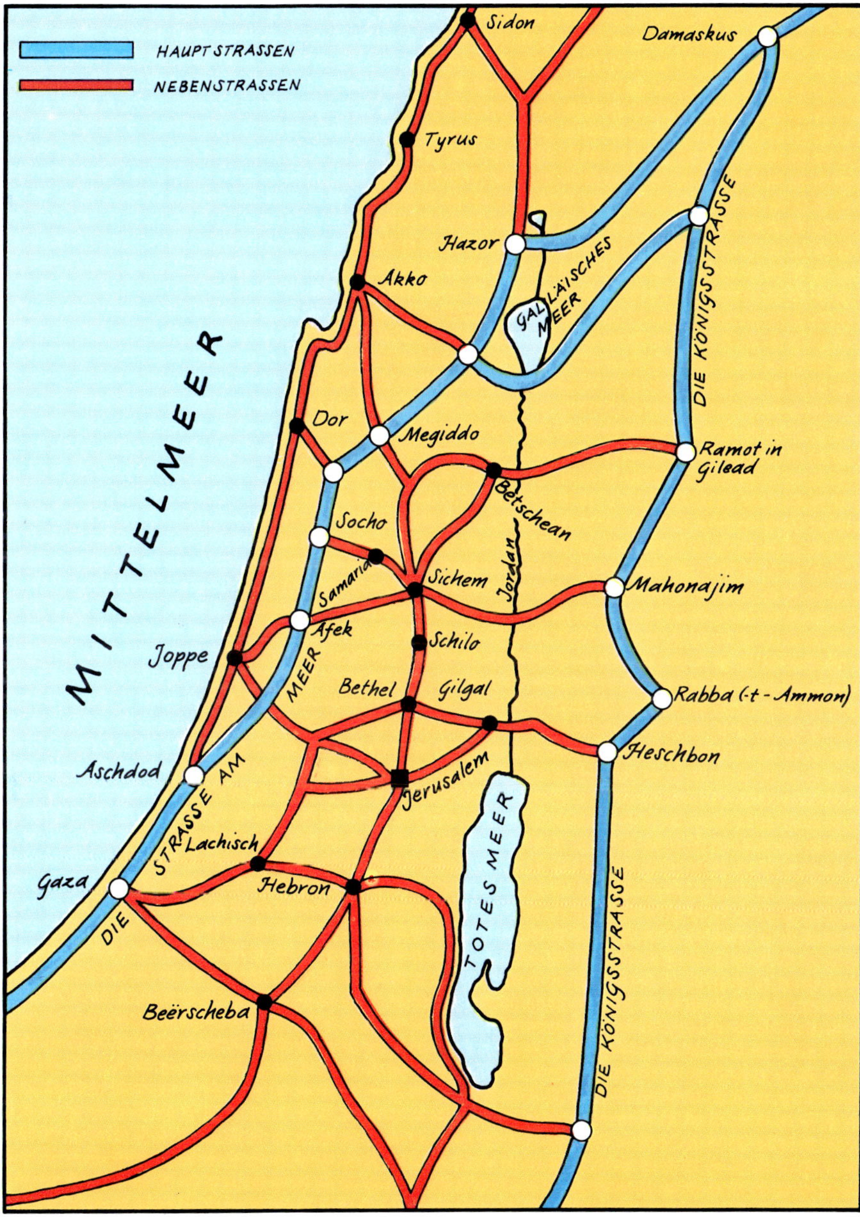

Die Oberflächenstruktur

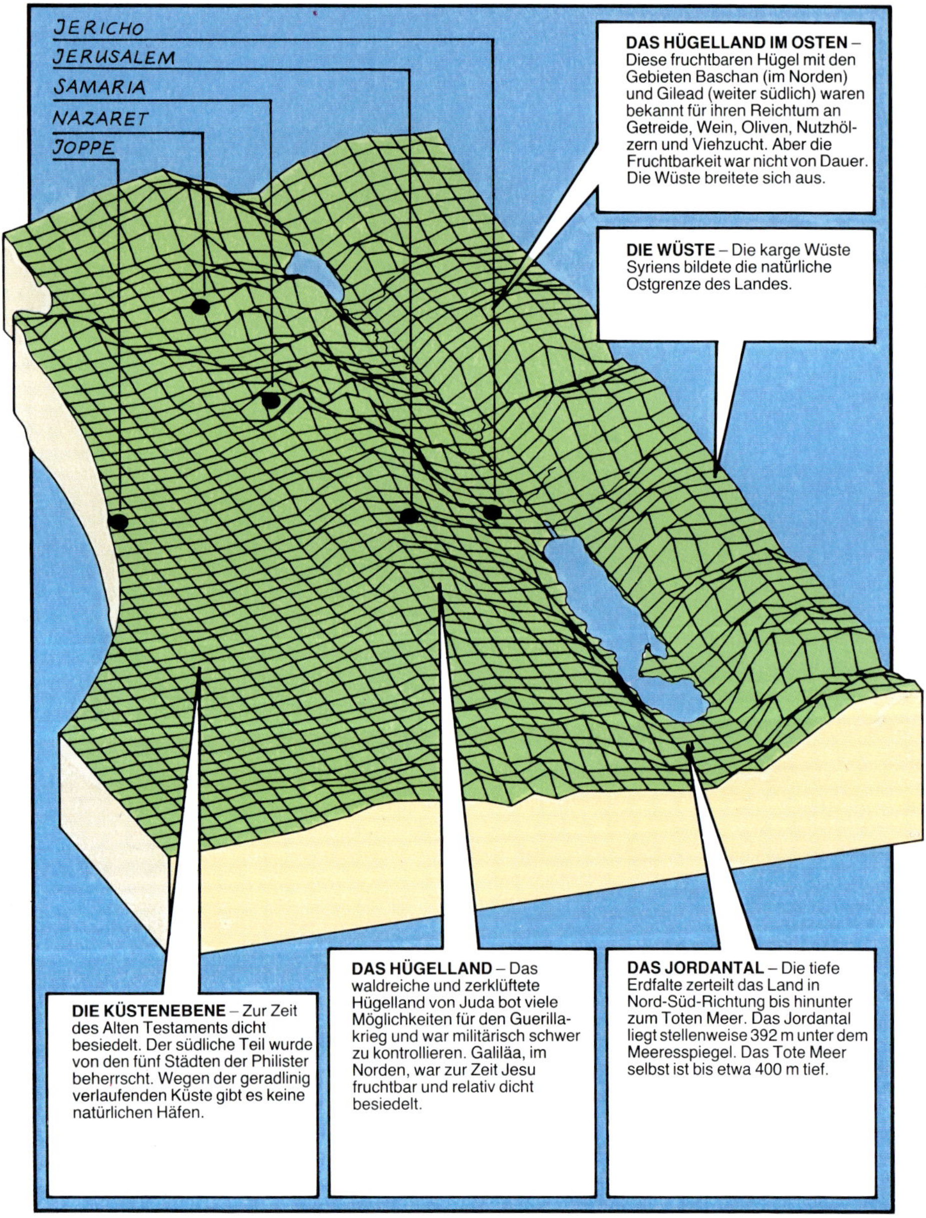

DAS HÜGELLAND IM OSTEN – Diese fruchtbaren Hügel mit den Gebieten Baschan (im Norden) und Gilead (weiter südlich) waren bekannt für ihren Reichtum an Getreide, Wein, Oliven, Nutzhölzern und Viehzucht. Aber die Fruchtbarkeit war nicht von Dauer. Die Wüste breitete sich aus.

DIE WÜSTE – Die karge Wüste Syriens bildete die natürliche Ostgrenze des Landes.

DIE KÜSTENEBENE – Zur Zeit des Alten Testaments dicht besiedelt. Der südliche Teil wurde von den fünf Städten der Philister beherrscht. Wegen der geradlinig verlaufenden Küste gibt es keine natürlichen Häfen.

DAS HÜGELLAND – Das waldreiche und zerklüftete Hügelland von Juda bot viele Möglichkeiten für den Guerillakrieg und war militärisch schwer zu kontrollieren. Galiläa, im Norden, war zur Zeit Jesu fruchtbar und relativ dicht besiedelt.

DAS JORDANTAL – Die tiefe Erdfalte zerteilt das Land in Nord-Süd-Richtung bis hinunter zum Toten Meer. Das Jordantal liegt stellenweise 392 m unter dem Meeresspiegel. Das Tote Meer selbst ist bis etwa 400 m tief.

2 ABRAHAMS VOLK

Die Geschichte des Volkes Israel beginnt mit einem einzelnen Mann: Abram bzw. Abraham („Vater einer Menge"). Abraham lebte ca. 2000 Jahre vor Christus. Er gehorchte dem Ruf Gottes, ließ die Zivilisation in Ur in Mesopotamien hinter sich, um mit Herden, Hirten und Dienern, mit seiner Familie und den Zelten in ein Land zu reisen, das Gott ihm zeigen würde.
Gott versprach Abraham, aus ihm ein großes Volk zu machen. Seine Nachkommen sollten nicht für immer Nomaden bleiben.

Abrahams Volk

Zu Kapitel 2 gehören folgende Karten:

- **Vater einer Nation** (S.19). Abraham und sein Karawanenzug nach Kanaan, ungefähr 1900 v.Chr. Abrahams Nachkommen wird das Land zum Erbe versprochen, aber Abraham selbst führt weiterhin das Leben eines Nomaden.
- **Abraham rettet Lot** (S. 20). Abraham befreit Lot, der bei einem Krieg gefangengenommen wurde.
- **Jakobs Rückkehr** (S. 21). Jakob ist Abrahams Enkel. Er kehrt nach seiner Flucht vor Esau nach Kanaan zurück. Er hat zwölf Söhne und eine Tochter.
- **Die Josefsgeschichte** (S. 22). Josef, der zweitjüngste Sohn Jakobs, wird wegen seiner Prahlerei von seinen Brüdern gehaßt. Sie verkaufen ihn an Sklavenhändler, die auf dem Wege nach Ägypten sind. Aber das Blatt wendet sich, als Josef Vertrauter des Pharao wird, des Königs von Ägypten.
- **In der Sklaverei** (S. 23). Abrahams Nachkommen war ein eigenes Land versprochen worden. Aber 600 Jahre später sind sie Sklaven der Ägypter.
- **Auszug aus Ägypten** (S. 24). Auf dramatische Weise werden die Israeliten ungefähr 1270 v.Chr. unter Mose aus der Sklaverei befreit. Gott gibt ihnen sein Gesetz am Berg Sinai.
- **Mose schlägt Sihon und Og** (S. 26). Vierzig Jahre lang irren die Israeliten in der Wüste umher. Das ist die Strafe für ihre Aufsässigkeit gegen Gott. Schließlich nähern sie sich Kanaan, dem Land der Verheißung.

Gott verspricht Abraham:
„Ich werde dir so viele Nachkommen geben, daß sie niemand zählen kann; ebensogut könnte jemand versuchen, alle Staubkörnchen auf der Erde zu zählen!“

Gott beruft Mose:
„Ich bin herniedergekommen, um mein Volk aus der Hand der Ägypter zu befreien und sie aus diesem Land herauszuführen in ein gutes und weites Land, ein Land, in dem Milch und Honig fließt...“

Mose singt ein Lied (nach der Niederlage der Ägypter):
„Ich will dem Herrn singen, denn er ist hoch erhöht – Roß und Reiter hat er ins Meer gestürzt.“

In der Wüste beschweren sich die Israeliten bei Gott:
„Warum hast du uns aus Ägypten an diesen kümmerlichen Ort gebracht, wo nichts gedeiht? Es gibt kein Getreide, keine Feigen, keine Trauben, keine Granatäpfel, nicht einmal Wasser zu trinken!“

Beim Tod Moses:
„Es gab keinen Propheten in Israel, wie Mose es war. Der Herr redete mit ihm von Angesicht zu Angesicht.“

Vater einer Nation

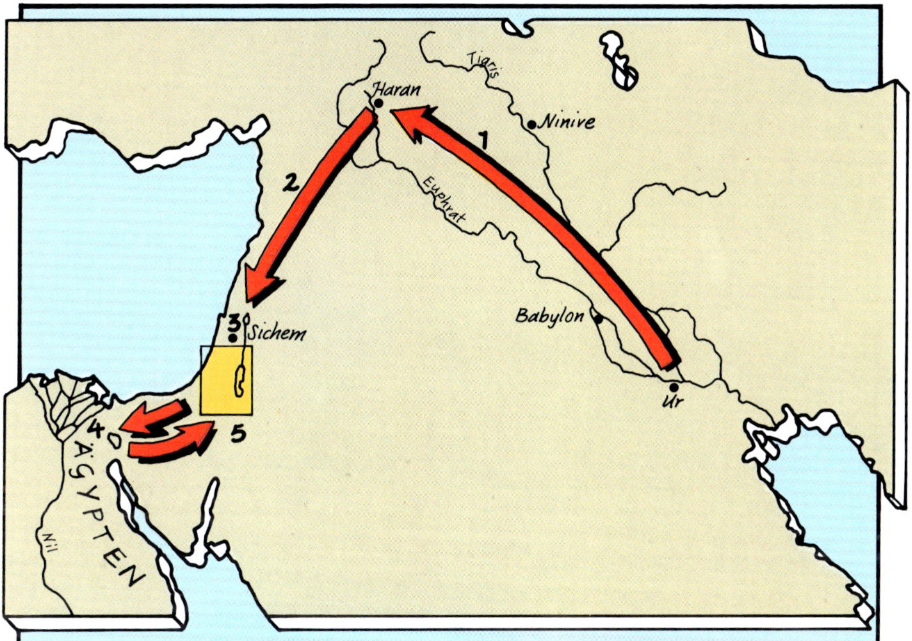

Abraham wird von Gott beauftragt, nach Kanaan zu reisen.(1.Mose 11,31-32)

1 Abrahams Vater Terach siedelt sich mit seiner ganzen Familie in Haran an. (1.Mose 11,31-32)

2 Terach stirbt. Gott beauftragt Abraham, nach Kanaan weiterzuziehen. Mit seiner Frau Sara, seinem Neffen Lot, seinen Schafherden und Arbeitern macht er sich auf den Weg.Gott verspricht Abraham viele Nachkommen. Sie sollen ein Volk werden, das Gott in besonderer Weise gebraucht. (1.Mose 12,1-3)

3 In Kanaan angelangt, baut Abraham dem Herrn in Sichem und in der Nähe von Bethel einen Altar. Dies ist das Land, das Abrahams Nachkommen gehören soll. (1.Mose 12,4-9)

4 Eine Hungersnot zwingt Abraham, nach Ägypten auszuweichen. (1.Mose 12,10-20)

5 Wieder in Kanaan, kommt es zwischen den Hirten Abrahams und Lots zum Streit um die besten Weideplätze. Abraham und Lot beschließen, sich zu trennen. (1.Mose 13,1-9)

6 **(Kleine Karte:)** Lot wählt das fruchtbare Jordantal für sich selbst aus und überläßt Abraham das Hügelland. (1.Mose 13,10-13)

7 Gott erneuert sein Versprechen an Abraham, und dieser baut ihm einen Altar bei Hebron. (1.Mose 13,14-18)

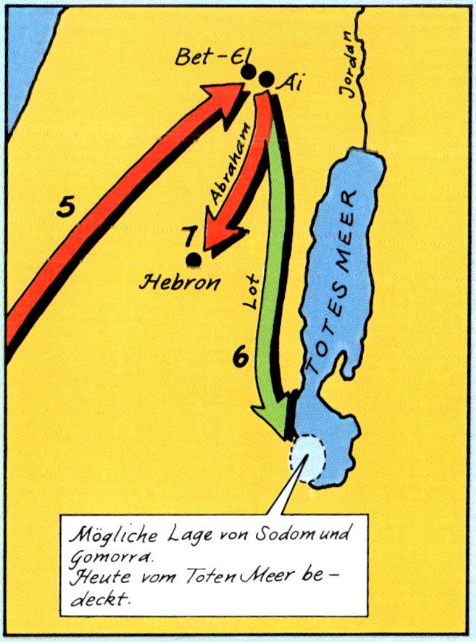

Abraham rettet Lot

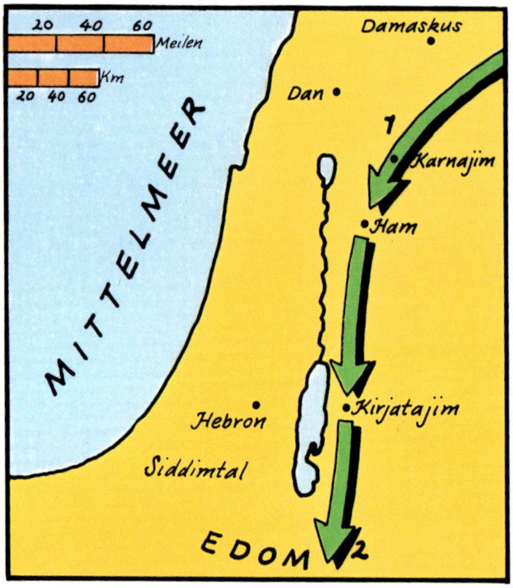

1 Vier Vasallenkönige im Siddimtal rebellieren gegen ihre weit entfernten Herren in Babylon und Elam. Diese schicken ihre Heere südwärts, um ihre Machtposition wieder zu festigen, und besiegen unterwegs andere Völker. (1.Mose 14,1-7)
2 Sie unternehmen Raubzüge in die Berge Edoms.

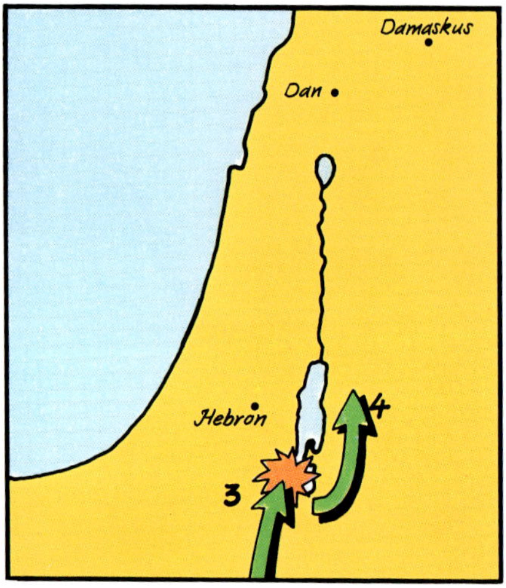

3 Die fünf Könige schlagen das Heer der Aufständischen. (1.Mose 14,8-10)
4 Sie nehmen Beute und Gefangene aus Sodom und Gomorra mit, darunter auch Lot, Abrahams Neffen. (1.Mose 14,11-12)

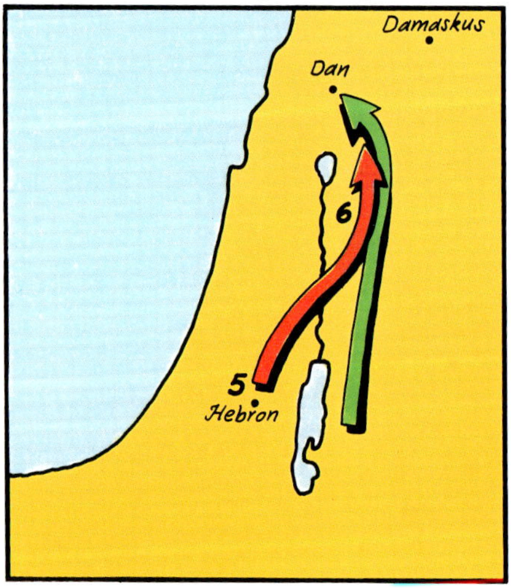

5 Abraham hört, daß Lot gefangengenommen wurde. (1.Mose 14,13)
6 Er verfolgt die Könige entlang der Königsstraße in Richtung Dan im Norden. (1.Mose 14,14)

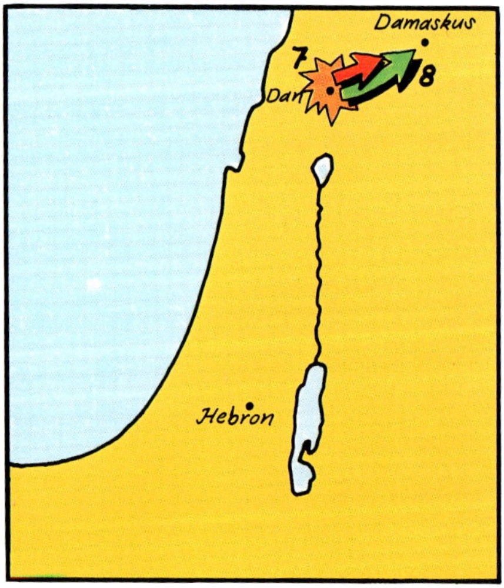

7 Die Männer Abrahams greifen bei Nacht den Feind an und besiegen ihn. (1.Mose 14,15)
8 Sie verfolgen die fliehenden Truppen, retten Lot und befreien auch die anderen Gefangenen. (1.Mose 14,16)

Jakobs Rückkehr

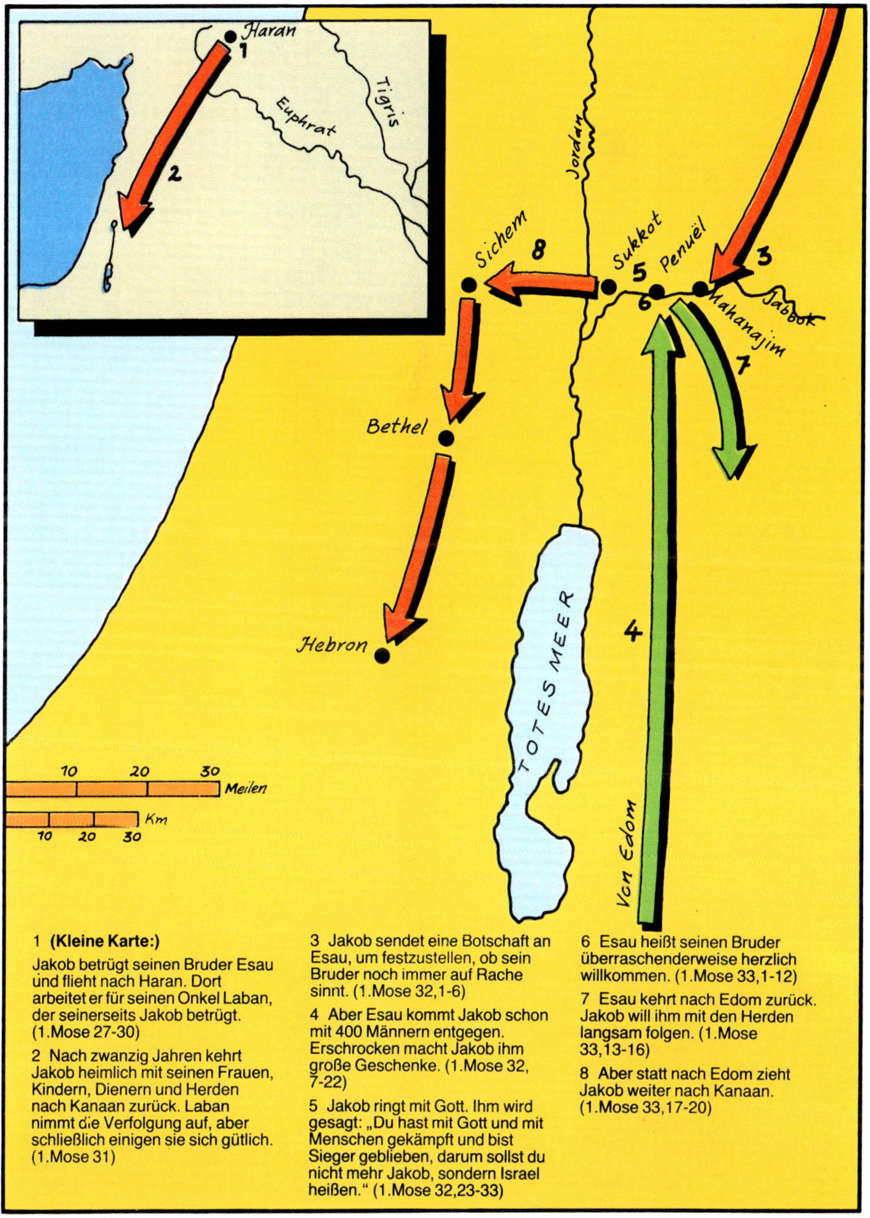

1 **(Kleine Karte:)**

Jakob betrügt seinen Bruder Esau und flieht nach Haran. Dort arbeitet er für seinen Onkel Laban, der seinerseits Jakob betrügt. (1.Mose 27-30)

2 Nach zwanzig Jahren kehrt Jakob heimlich mit seinen Frauen, Kindern, Dienern und Herden nach Kanaan zurück. Laban nimmt die Verfolgung auf, aber schließlich einigen sie sich gütlich. (1.Mose 31)

3 Jakob sendet eine Botschaft an Esau, um festzustellen, ob sein Bruder noch immer auf Rache sinnt. (1.Mose 32,1-6)

4 Aber Esau kommt Jakob schon mit 400 Männern entgegen. Erschrocken macht Jakob ihm große Geschenke. (1.Mose 32, 7-22)

5 Jakob ringt mit Gott. Ihm wird gesagt: „Du hast mit Gott und mit Menschen gekämpft und bist Sieger geblieben, darum sollst du nicht mehr Jakob, sondern Israel heißen." (1.Mose 32,23-33)

6 Esau heißt seinen Bruder überraschenderweise herzlich willkommen. (1.Mose 33,1-12)

7 Esau kehrt nach Edom zurück. Jakob will ihm mit den Herden langsam folgen. (1.Mose 33,13-16)

8 Aber statt nach Edom zieht Jakob weiter nach Kanaan. (1.Mose 33,17-20)

Die Josefsgeschichte

Josef, der von seinen Brüdern als Sklave nach Ägypten verkauft wurde, ist inzwischen Gouverneur geworden. (1.Mose 37,12-36; 39-41)

1 Jakob schickt zehn von Josefs Brüdern nach Ägypten, um Getreide zu kaufen. Seinen jüngsten und liebsten Sohn, Benjamin, behält er sicherheitshalber zu Hause. (1.Mose 42,1-4)

2 Josef beschuldigt seine Brüder, die ihn nicht erkennen, der Spionage und behält Simeon als Geisel zurück, während er die anderen Brüder mit dem Getreide nach Hause schickt. Sie müssen Benjamin holen als Beweis dafür, daß sie keine Spione sind. (1.Mose 42,5-34)

3 Auf dem Weg nach Hause finden sie zu ihrem Schrecken alles Geld für das Getreide in ihren Säcken wieder. (1.Mose 42,35)

4 Jakob weigert sich, Benjamin gehen zu lassen. Erst als sie am Rande des Verhungerns stehen, läßt er sich umstimmen. (1.Mose 43,1-14)

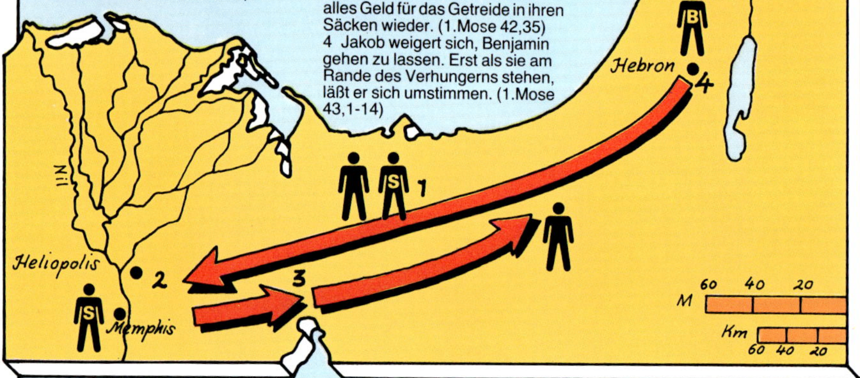

5 Die Brüder ziehen nach Ägypten, schwer beladen mit Gaben für Josef. (1.Mose 43,15)

6 Simeon wird freigelassen, und Josef veranstaltet ein großes Fest. (1.Mose 43,16-34)

7 Josef läßt seinen silbernen Becher in Benjamins Sack schmuggeln. (1.Mose 44,1-2)

8 Die Brüder werden beschuldigt, den Becher gestohlen zu haben. (1.Mose 44,3-12)

9 Benjamin soll als Josefs Sklave zurückbleiben. Juda legt Fürsprache für Benjamin ein. Innerlich aufgewühlt, gibt sich Josef zu erkennen. (1.Mose 44,13-45,20)

10 Die elf Brüder kehren nach Hause zurück. Die Sippe Josefs siedelt sich in Ägypten an. (1.Mose 45,21-47,12)

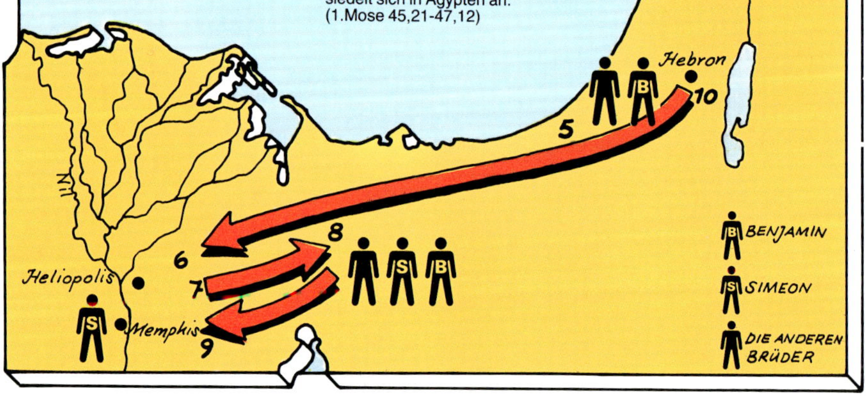

In der Sklaverei

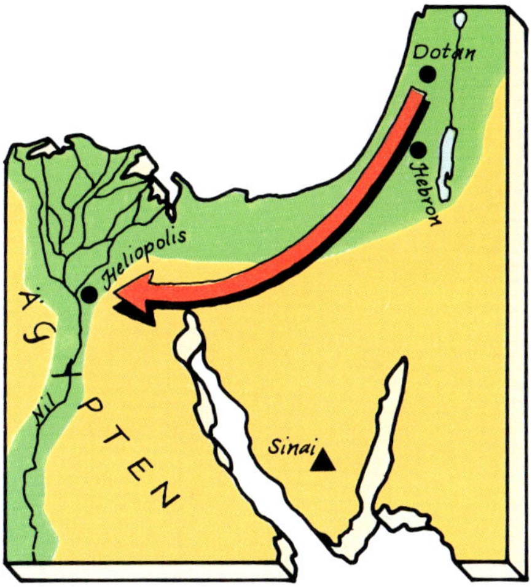

Josef ist einer der zwölf Söhne Jakobs. Seine älteren Brüder beginnen ihn wegen seiner Überheblichkeit zu hassen. Jakob schickt Josef nach Dotan, wo seine Brüder die Schafe hüten. Zuerst wollen sie ihn töten, verkaufen ihn dann aber an fahrende Händler. So gelangt Josef nach Ägypten. (1.Mose 37,12-36)

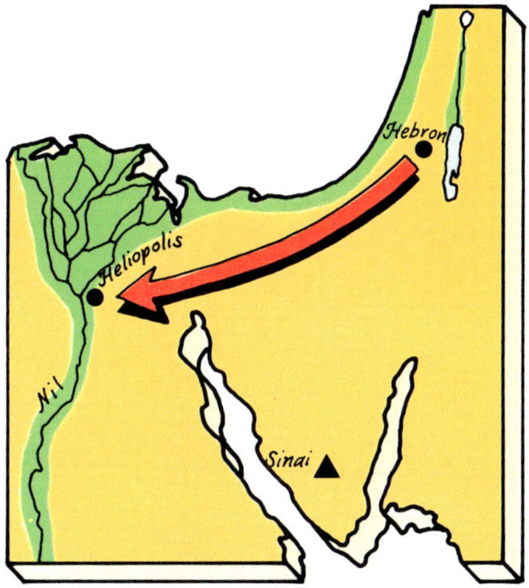

Viele Jahre später ist Josef in Ägypten zum Rang eines hohen Regierungsbeamten aufgestiegen. Eine Hungersnot bricht aus, und Josefs Brüder machen sich auf den Weg nach Ägypten, um Getreide zu kaufen (vgl. „Die Josefsgeschichte"). Jakob und seine Familie siedeln nach Ägypten über. (1.Mose 42-47,12)

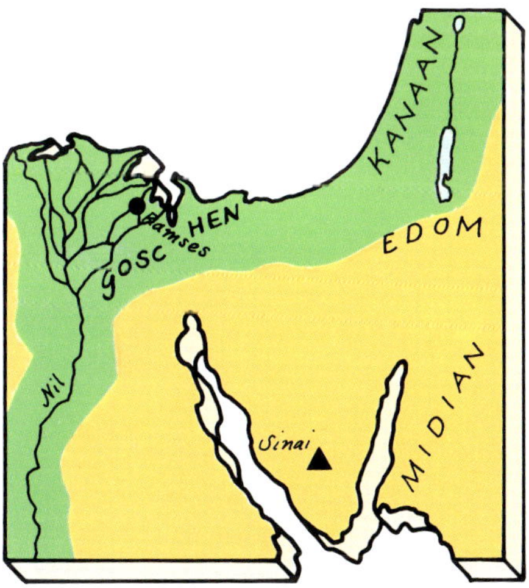

430 Jahre später sind die hebräischen Nachkommen der Familie Jakobs in Ägypten zu Sklaven geworden. Sie leben in der Provinz Goschen. Gott bestimmt Mose und dessen Bruder Aaron, die Hebräer aus der Sklaverei zu führen. Aber der Pharao weigert sich, seine Bausklaven ziehen zu lassen. (2.Mose 1-5)

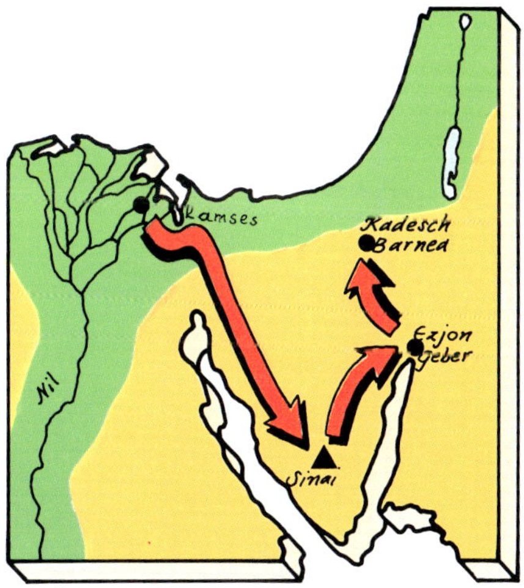

Die Ägypter werden von einer Reihe von Plagen heimgesucht, aber der Pharao bleibt verstockt. Schließlich wird er doch gezwungen, die Israeliten gehen zu lassen. Sein Versuch, sie zurückzuhalten, endet mit der Vernichtung der Verfolger. Die Israeliten ziehen weiter zum Berg Sinai, wo Mose von Gott das Gesetz empfängt. (2.Mose 6-20,21)

Auszug aus Ägypten

1 Die Israeliten verlassen unter Pharao Ramses II. das Land. Die Jahre der Sklaverei sind vorüber. (2.Mose 12,29-36)

2 Sie ziehen zum Schilfmeer. (2.Mose 13,17-14,4)

3 Ramses II. jagt seinen entlaufenen Sklaven mit einer Armee nach. Er treibt sie in die Enge. (2.Mose 14,5-12)

4 Gott gebietet Mose, seinen Stab über das Meer auszustrekken. Das Wasser wird zurückgetrieben, und das Volk durchquert das Meer. Die ägyptische Armee wird vernichtet, als das Wasser zurückströmt. (2.Mose 14,13-31)

5 Nach drei Tagesreisen erreichen die Israeliten Mara – aber das Wasser von Mara ist ungenießbar. Das Volk „murrt". (2.Mose 15,22-26)

6 Gott versorgt die Israeliten zum ersten Mal mit Manna und Wachteln. (2.Mose 16)

7 Gott läßt Wasser aus dem Felsen hervorkommen. Die Amalekiter greifen an und werden geschlagen. Jitro gibt Mose einen guten Rat. (2.Mose 17-18)

8 Am Berg Sinai empfängt Israel Gottes Gesetz. (2.Mose 19-32)

9 Mirjam wird vom Aussatz befallen, weil sie sich gegen Mose auflehnt. (4.Mose 12)

10 Elf Tage nachdem das Volk den Sinai verlassen hat, sendet Mose Männer aus, um Kanaan auszukundschaften. (4.Mose 13,1-24)

11 Die Kundschafter kehren zurück. Nur zwei von ihnen raten zum Weitermarsch. Das Volk will unter einem neuen Anführer nach Ägypten zurück. (4.Mose 13,25-14,10)

12 Weil sie Gott nicht vertrauten, müssen die Israeliten 40 Jahre in der Wüste umherziehen, bevor sie das Land Kanaan betreten dürfen. (4.Mose 14,11-38)

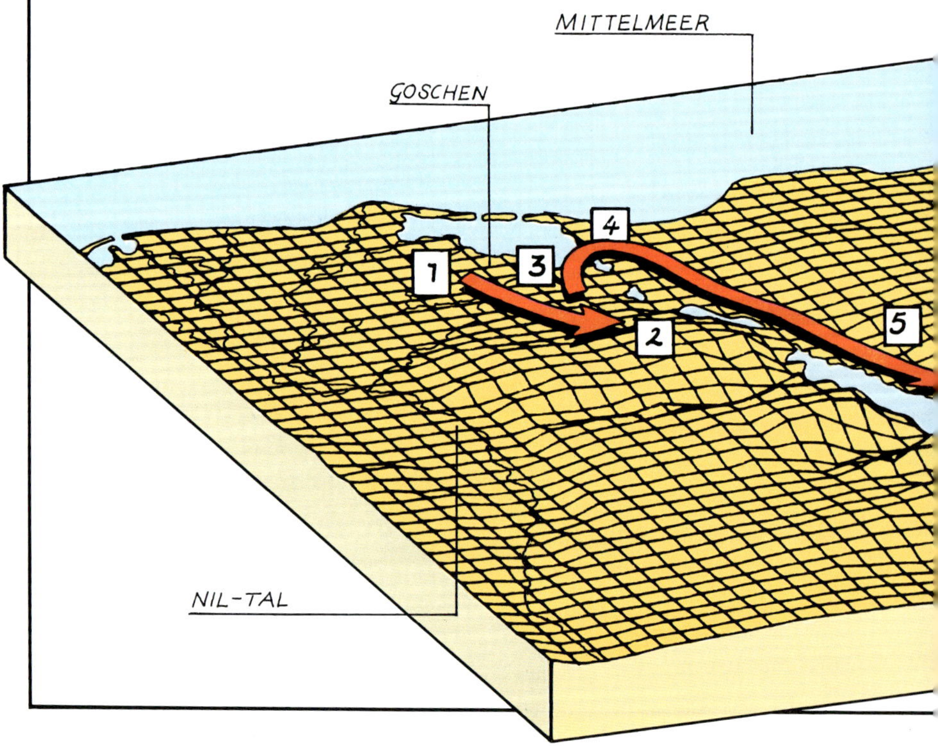

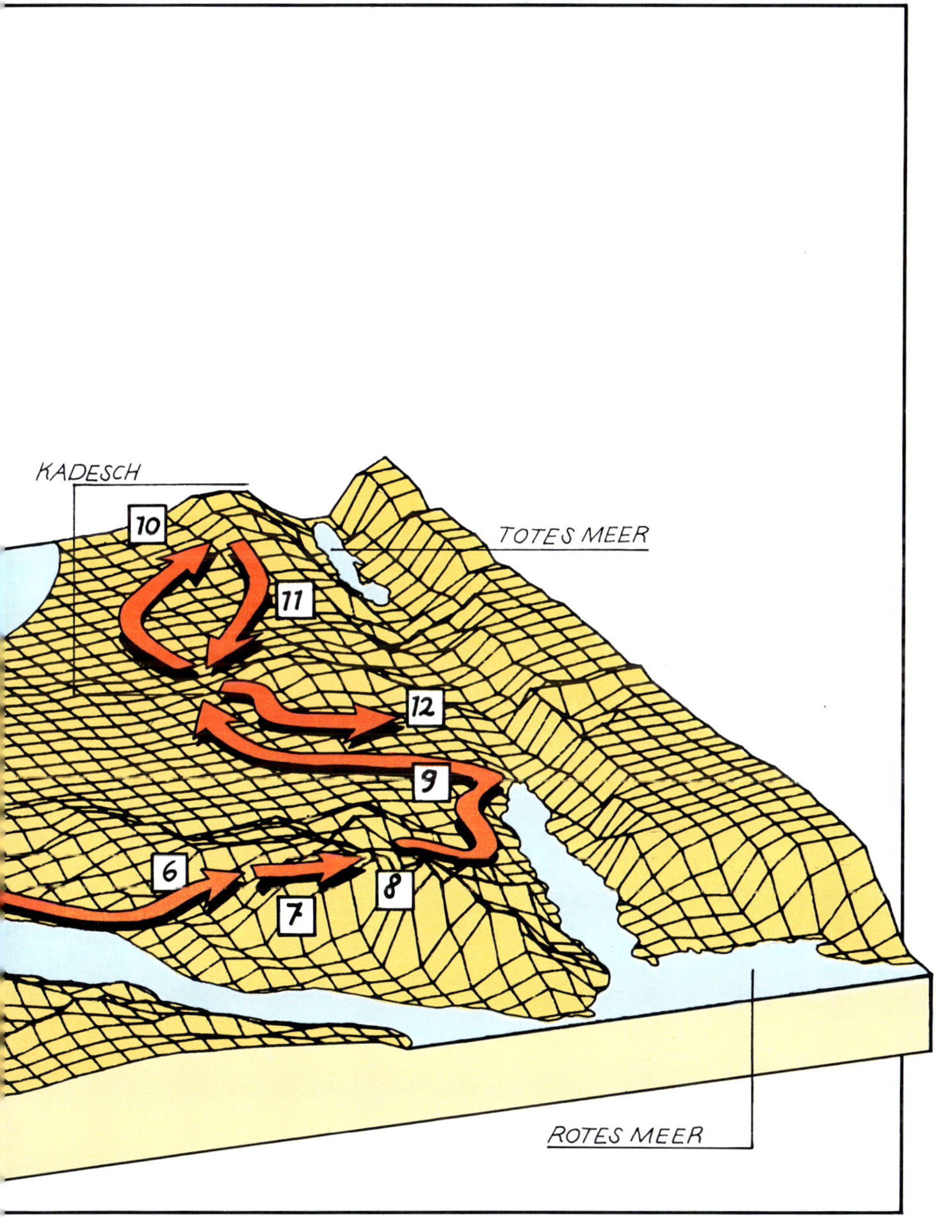
KADESCH
TOTES MEER
10
11
12
9
6
7
8
ROTES MEER

Sihon und Og

Als die Israeliten einen Weg suchen, um von Osten her in das Gelobte Land einzuziehen, müssen sie zuerst gegen zwei mächtige Könige kämpfen.

1 Mose und die Israeliten erreichen die Wüste in der Nähe von Kedemot. Mose bittet den König Sihon um Erlaubnis, sein Land friedlich zu durchqueren. (5.Mose 2,26-29)

2 Sihon weigert sich. Bei Jahaz kommt es zum Gefecht. Sihon unterliegt. (5.Mose 2,30-35)

3 Die Israeliten erobern viele Städte, bis nach Gilead im Norden. (5.Mose 2,36)

4 König Og von Baschan greift die Israeliten bei Edreï mit einem Heer an. Die Israeliten erobern sein ganzes Gebiet. Das Ostjordanland ist nun gesichert, so daß sie den Rücken frei haben für den Durchzug nach Kanaan. (5.Mose 3,1-4)

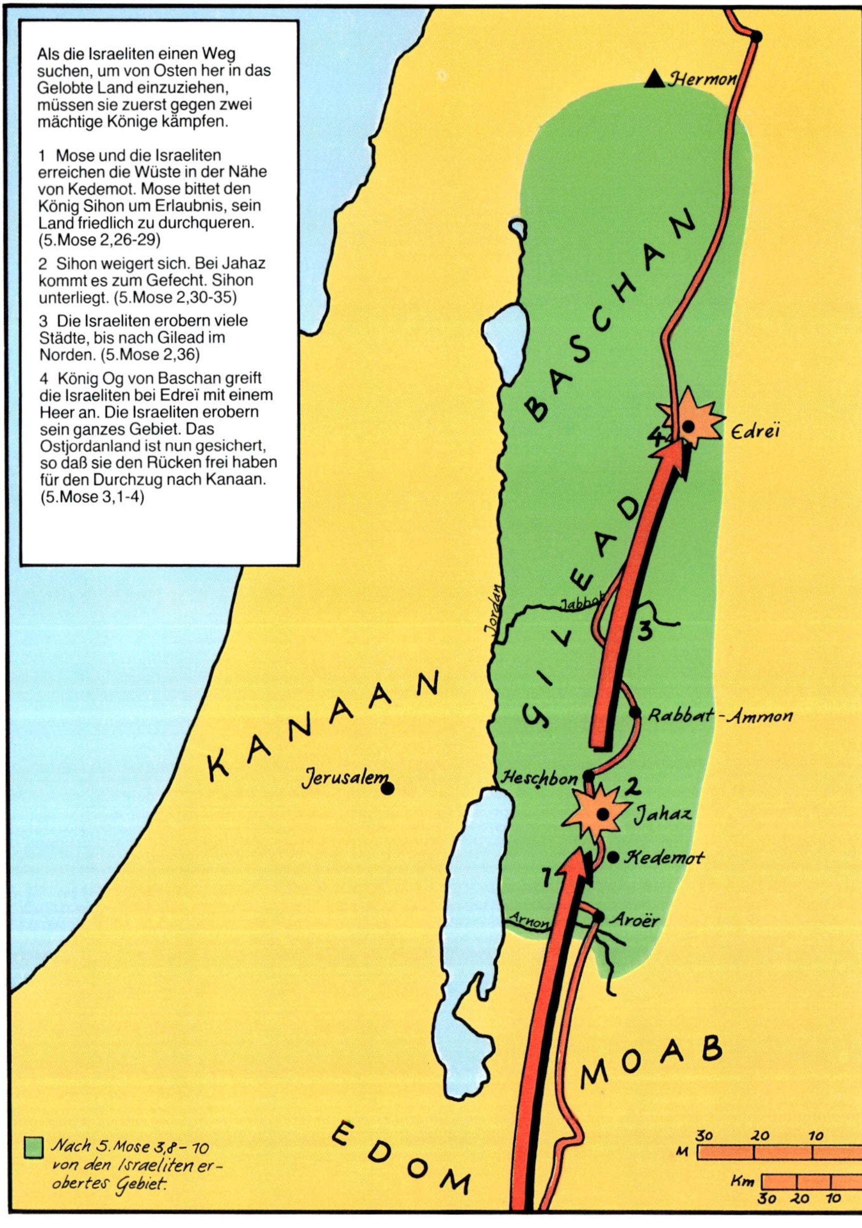

3
DAS VERHEISSENE LAND

Bevor die Israeliten den Jordan durchquerten, um in das Land Kanaan zu gelangen, waren sie eine heimatlose Nation. Ähnlich wie Abraham lebten auch seine Nachfahren noch immer als Nomaden. Aber weil sie so viele waren, stellten sie für die seßhaften Völker jener Region eine Gefahr dar. Als das Volk Israel die Grenze Kanaans erreichte, gerieten die Bewohner des Landes regelrecht in Panik.
Josua, der Nachfolger Moses, führte sein Volk bei der Eroberung und Besiedelung des Landes an. Aber die Eroberung gelang nicht überall, und es kam zu langwierigen Auseinandersetzungen. In religiöser Hinsicht war das Volk Israel versucht, die Götter Kanaans zu verehren, und auf militärischem Gebiet hatte es immer wieder mit Gegnern zu tun, die zwar geschwächt, aber nicht besiegt waren. Die Anführer Israels in dieser Epoche sind die sog. „Richter".

Das Verheißene Land

Zu Kapitel 3 gehören folgende Karten:

• **Über den Jordan** (S.29). Das Volk durchquert etwa im Jahre 1230 v.Chr. den Jordan. Gleichzeitig ist der Rückzug in die Wüste unmöglich geworden.
• **Die Mauern stürzen ein** (S. 30). Nachdem Jericho sorgfältig erkundet worden ist, wird es auf ungewöhnliche Weise erobert. Jericho ist aber nur die erste einer ganzen Reihe feindlicher Befestigungsanlagen.
• **Angriff auf Ai** (S. 31). Eine weitere Stadt fällt in die Hände der Israeliten. Sie lernen, daß Siege nichts Selbstverständliches sind, sondern von ihrem Gehorsam Gott gegenüber abhängen.
• **Die Befreiung der Gibeoniter** (S. 32). Die Gibeoniter haben es durch eine List fertiggebracht, mit Josua ein Bündnis zu schließen. Als sie von ihren kanaanitischen Nachbarn angegriffen werden, kommt Josua ihnen zu Hilfe.
• **Josuas Feldzüge** (S. 33). Josua stößt mit seinem Heer zunächst nach Süden vor. Noch ist der Erfolg nicht sicher.
• **Aufteilung des Landes** (S. 34). Die zwölf Stämme Israels, Nachkommen der zwölf Söhne Jakobs, bekommen nun ihr Land zugewiesen.
• **Asylstädte für Flüchtlinge** (S. 35). Sechs Städte werden bestimmt, die zunächst Schutz vor der Blutrache bieten sollen.
• **Die Philister** (S. 36). Die Philister erweisen sich als die erbittertsten Feinde Israels. Wer waren sie, und wo kamen sie her?
• **Israel im Kreuzfeuer** (S. 37). Zur Zeit der Richter muß Israel an verschiedene Völker Tribut zahlen.
• **Deboras Sieg** (S. 38). Debora und Barak, zwei der Richter Israels, beenden die Schreckensherrschaft Jabins, des „Königs von Kanaan".
• **Gideon** (S. 39). Er überwältigt die Midianiter in einem nächtlichen Blitzangriff.
• **Die Bundeslade wird erbeutet** (S. 40). Die Bundeslade, die u.a. die Gesetzestafeln enthält, wird von den Philistern erbeutet. Aber sie bringen die große Siegestrophäe freiwillig zurück.

Die Dirne Rahab aus Jericho:
„Ich weiß, daß der Herr euch dieses Land gegeben hat. Jedermann im Land hat Angst vor euch."

Josua zu seinen Männern:
„Euer einer wird Tausend in die Flucht schlagen, denn der Herr, euer Gott, kämpft für euch, so wie er es versprochen hat."

Aus Josuas Abschiedsrede:
„Gefällt es euch aber nicht, dem Herrn zu dienen, so erwählt euch heute, wem ihr dienen wollt: den Göttern eurer Vorväter jenseits des Jordans oder den Göttern der Amoriter, in deren Land ihr lebt. Ich und meine Hausgenossen aber wollen dem Herrn dienen."

Gott zu Gideon:
„Du hast noch zu viele Soldaten, als daß ich die Midianiter in eure Hand geben könnte. Israel könnte sich sonst rühmen: Wir haben uns aus eigener Kraft geholfen."

Über den Jordan

Die Israeliten kommen in das verheißene Land.

1 Nach dem Tod Moses schickt Josua Spione nach Kanaan, die das Land – und vor allem Jericho – erkunden sollen. (Jos.2,1-22)
2 Die Spione kehren zurück. Am nächsten Tag bringt Josua das Volk zu einem Heerlager an den Jordan, der gerade Hochwasser führt. Sie warten drei Tage. (Jos.2,23-3,4)
3 Das Wasser des Jordans versiegt (Jos.3,5-16), möglicherweise durch einen Erdrutsch bei der Stadt Adam, 30 km flußaufwärts.
4 Während die Israeliten den Jordan durchqueren, stehen die Priester mit der Bundeslade im ausgetrockneten Flußbett. (Jos.3.17)
5 Das Volk schlägt bei Gilgal, 8 km vom Fluß entfernt, sein Lager auf. Dort werden alle männlichen Israeliten, dem Bund entsprechend, beschnitten. (Jos.4,19; 5,2-9)

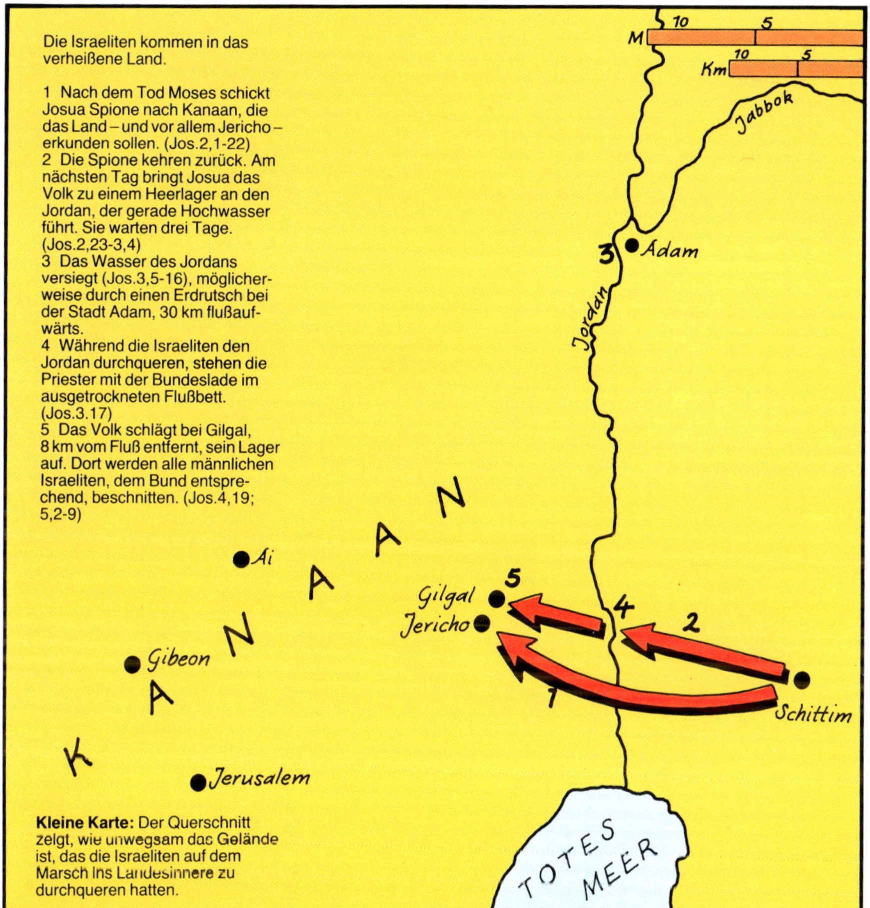

Kleine Karte: Der Querschnitt zeigt, wie unwegsam das Gelände ist, das die Israeliten auf dem Marsch ins Landesinnere zu durchqueren hatten.

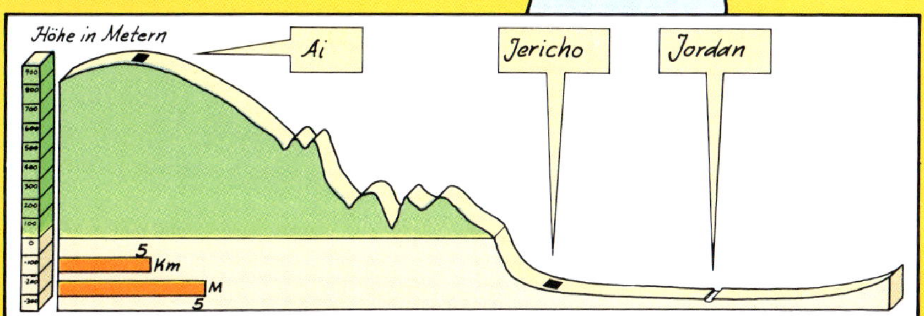

Die Mauern stürzen ein

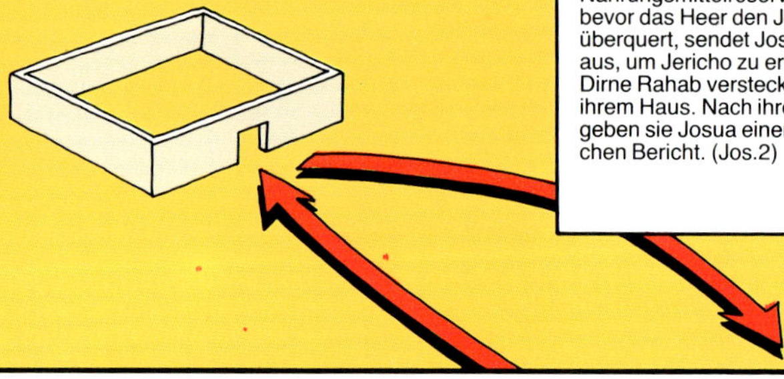

Jericho ist die erste kanaanitische Stadt, die von den Israeliten angegriffen wird. Sie besaß ausreichende Wasser- und Nahrungsmittelreserven. Noch bevor das Heer den Jordan überquert, sendet Josua Spione aus, um Jericho zu erkunden. Die Dirne Rahab versteckt sie dabei in ihrem Haus. Nach ihrer Rückkehr geben sie Josua einen ausführlichen Bericht. (Jos.2)

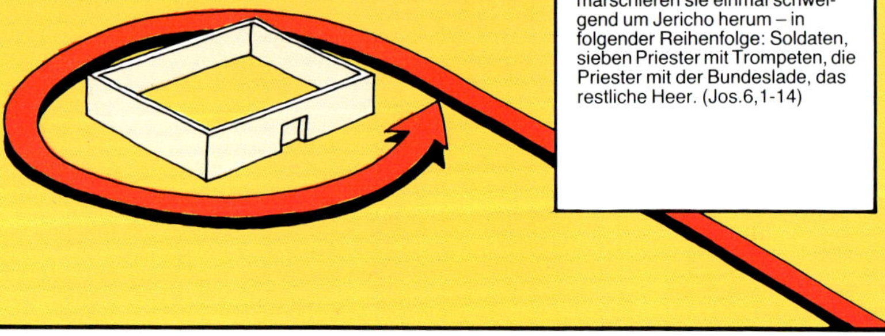

Die Israeliten durchqueren den Fluß, schlagen bei Gilgal ihr Lager auf und stoßen dann nach Jericho vor. Sechs Tage hintereinander marschieren sie einmal schweigend um Jericho herum – in folgender Reihenfolge: Soldaten, sieben Priester mit Trompeten, die Priester mit der Bundeslade, das restliche Heer. (Jos.6,1-14)

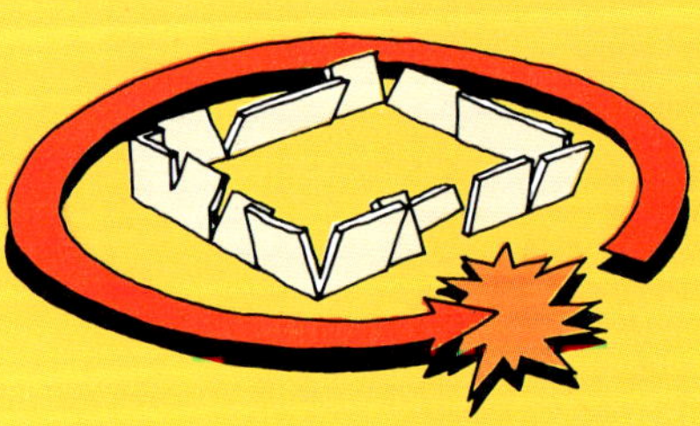

Siebter Tag. Die Israeliten marschieren siebenmal um die Stadt. Dann erheben sie ein Kriegsgeschrei, und die Trompeten blasen zum Angriff. Die Stadtmauern brechen in sich zusammen, und die Stadt wird eingenommen. Von den Einwohnern bleiben nur Rahab und ihre Familie am Leben. (Jos.6,15-27)

Angriff auf Ai

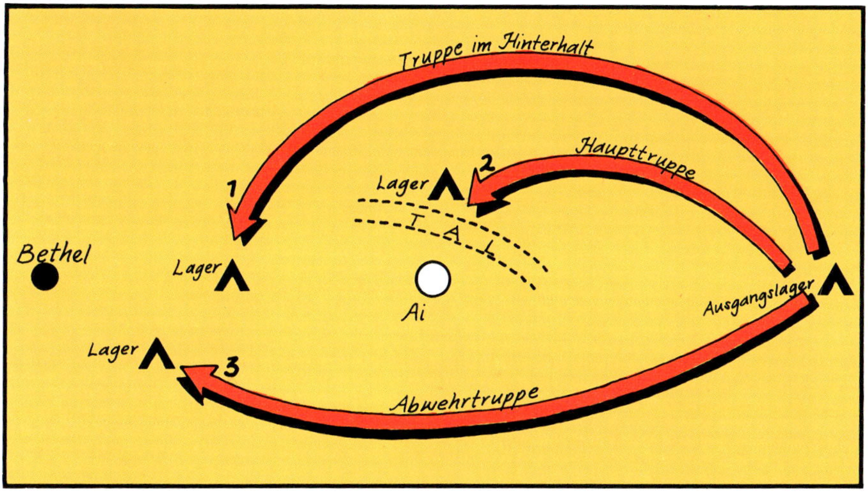

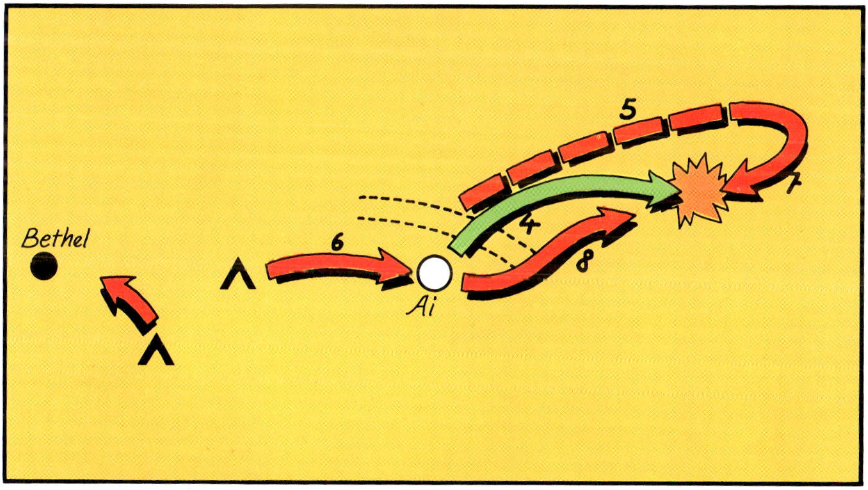

Der erste Angriff auf Ai endete für Israel mit einer Niederlage, weil *ein* Mann gesündigt hatte. Aber nun hat Gott ihnen den Sieg versprochen... (Jos.7-8,2)

1 Josua postiert bei Nacht einen Hinterhalt zwischen Bethel und Ai. (Jos.8,3-9)
2 Am nächsten Morgen führt Josua das Hauptheer von Norden her gegen die Stadt. (Jos.8,10)
3 Eine dritte Heeresgruppe soll zwischen Ai und Bethel etwaige feindliche Angriffe aus dieser Richtung abwehren. (Jos.8,12)
4 Der König von Ai führt seine Männer in den Kampf. (Jos.8,14)
5 Josuas Hauptheer weicht zurück. Die Männer aus Ai nehmen die Verfolgung auf wie bei der ersten Schlacht. (Jos.8,15-17)
6 Die Truppe aus dem Hinterhalt überfällt das schutzlose Ai und läßt es in Flammen aufgehen... (Jos.8,18-20)
7 Das Hauptheer geht zum Angriff über. (Jos.8,21)
8 Das feindliche Heer wird von zwei Seiten angegriffen und vernichtet. (Jos.8,22-29)

Befreiung der Gibeoniter

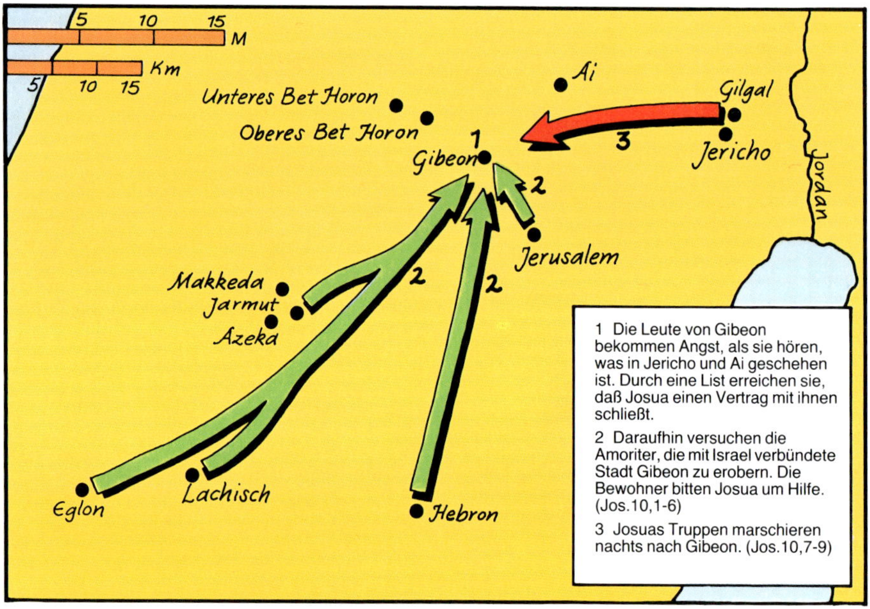

1 Die Leute von Gibeon bekommen Angst, als sie hören, was in Jericho und Ai geschehen ist. Durch eine List erreichen sie, daß Josua einen Vertrag mit ihnen schließt.

2 Daraufhin versuchen die Amoriter, die mit Israel verbündete Stadt Gibeon zu erobern. Die Bewohner bitten Josua um Hilfe. (Jos.10,1-6)

3 Josuas Truppen marschieren nachts nach Gibeon. (Jos.10,7-9)

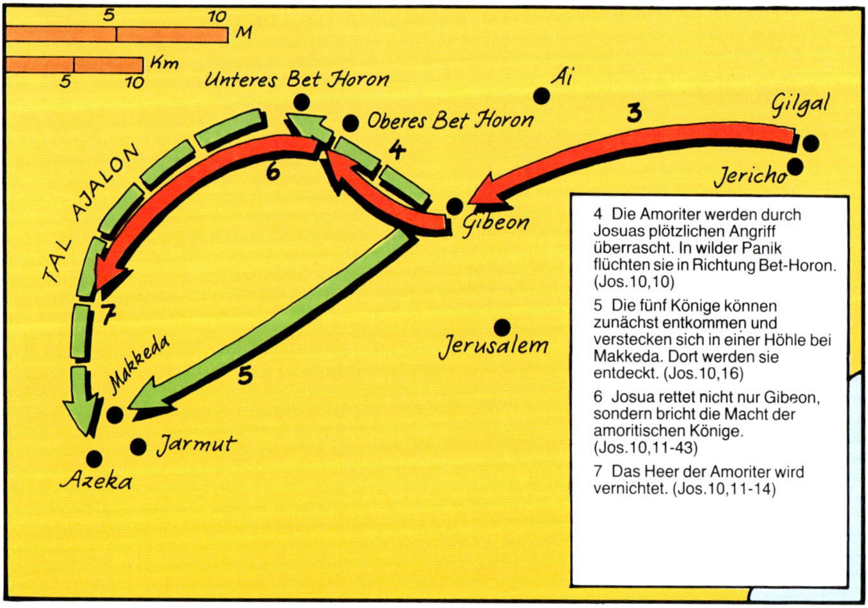

4 Die Amoriter werden durch Josuas plötzlichen Angriff überrascht. In wilder Panik flüchten sie in Richtung Bet-Horon. (Jos.10,10)

5 Die fünf Könige können zunächst entkommen und verstecken sich in einer Höhle bei Makkeda. Dort werden sie entdeckt. (Jos.10,16)

6 Josua rettet nicht nur Gibeon, sondern bricht die Macht der amoritischen Könige. (Jos.10,11-43)

7 Das Heer der Amoriter wird vernichtet. (Jos.10,11-14)

Josuas Feldzüge

1 Im Süden. Josuas Feldzug im Süden wird ausgelöst durch sein Bündnis mit den Gibeonitern. Fünf amoritische Könige kämpfen gegen Gibeon, weil es mit Israel paktiert. Josua nimmt in einem Blitzkrieg alle ihre Städte ein, mit Ausnahme von Jerusalem. (Jos.10)

2 Im Norden. Als der mächtige König Jabin von Hazor erfährt, daß Josua den Süden des Landes eingenommen hat, sammelt er eine riesige Armee zum Krieg. Wiederum vernichtet Josua mit einer Überraschungstaktik den Feind. Endgültig können die letzten Widerstandsnester aber nur durch einen anhaltenden Kleinkrieg ausgehoben werden. (Jos.11)

Diese beiden Feldzüge waren nur der Beginn der Eroberung und Besiedelung Kanaans. Viele Städte und Gebiete entzogen sich noch der Herrschaft Israels (Richter 1). Aber Josuas Feldzüge legten den Grundstein für den Aufbau der Nation in Kanaan.

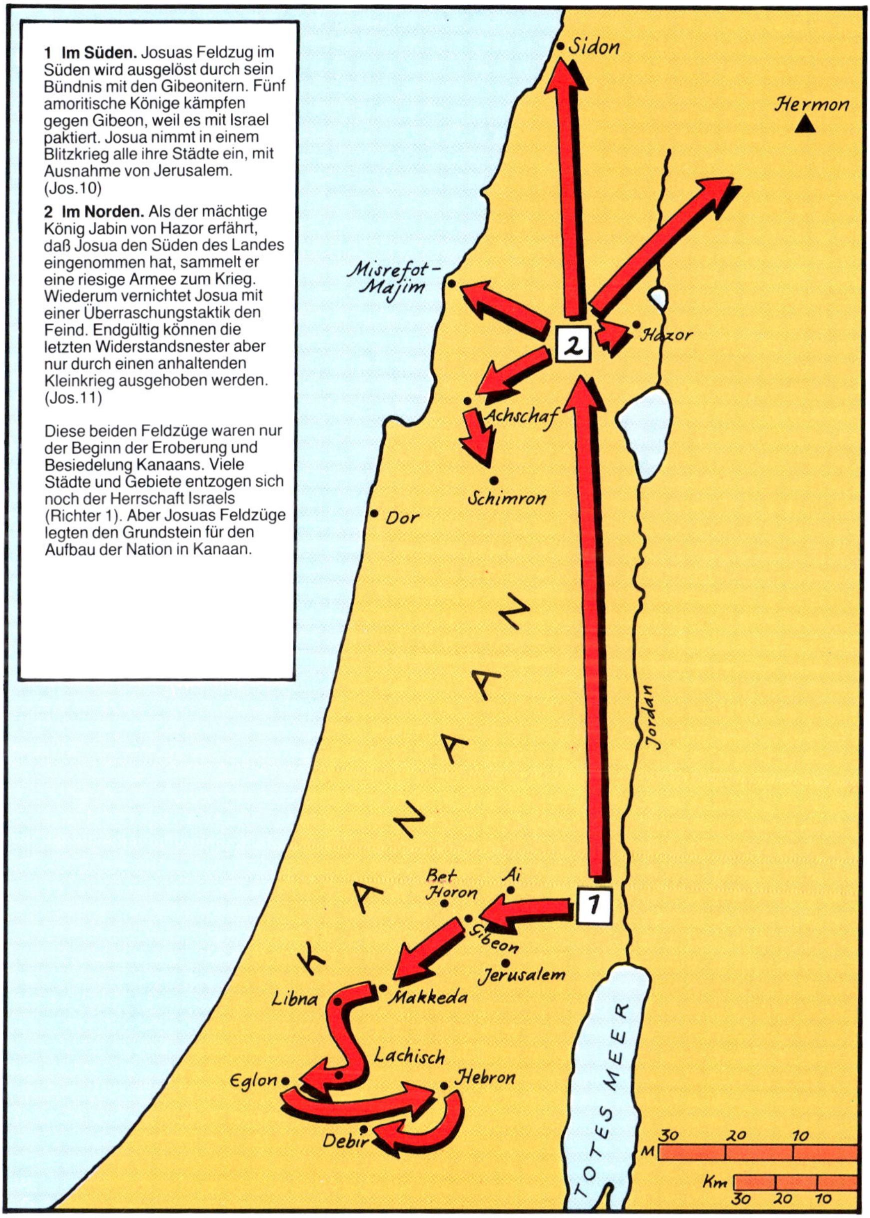

Aufteilung des Landes

Das Volk Israel bestand aus zwölf Stämmen, die jeweils auf einen der zwölf Söhne Jakobs zurückgingen. Jakob hatte bereits an seinem Totenbett jedem Sohn einen Teil des Landes zugewiesen (1.Mose 49). Es gab zwei Ausnahmen:

- Levi erhält als priesterlicher Stamm nicht einen bestimmten Teil des Landes, sondern 48 einzelne Städte. (4.Mose 35,1-7)
- Die Nachkommen Josefs bzw. seiner zwei Söhne, die Halbstämme Efraim und Manasse, erhalten jeder ein Erbe im Verheißenen Land.

Viele Stämme hatten jedoch Mühe, sich in ihrem Gebiet niederzulassen, weil die Macht der Feinde nur zum Teil gebrochen war.

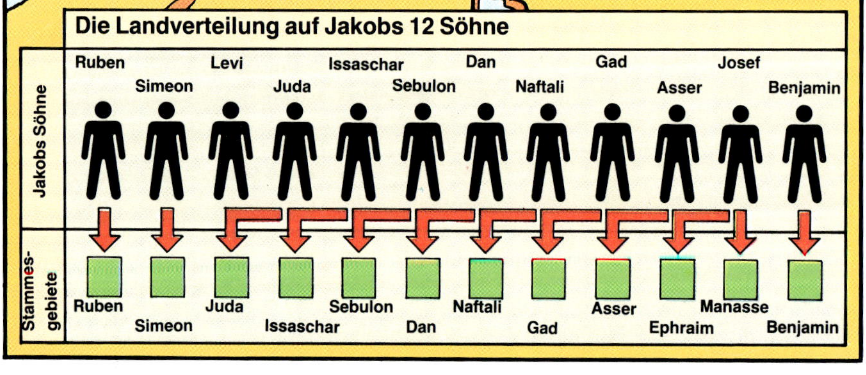

Asylstädte

Nach der ersten Eroberung bestimmten die Israeliten sechs Asylstädte. Hatte jemand einen Menschen ohne Vorsatz getötet, war er in der nächsten Asylstadt vor der Rache der Verwandten sicher. Ein ordentlicher Prozeß entschied über sein Schicksal. Die Kreise um diese Städte deuten ungefähr die Entfernung einer Tagesreise an. Von Jokneam aus war die nächste Asylstadt also nicht schnell zu erreichen.

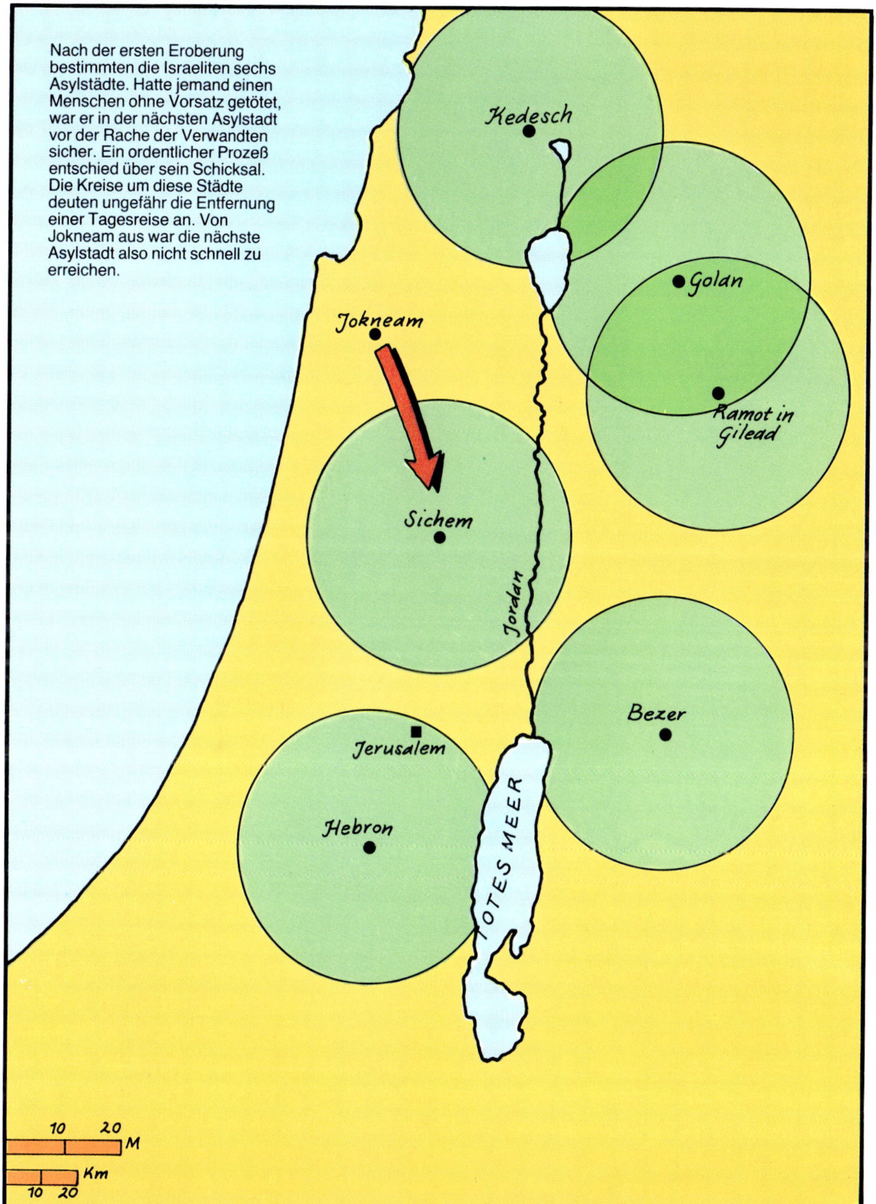

Die Philister

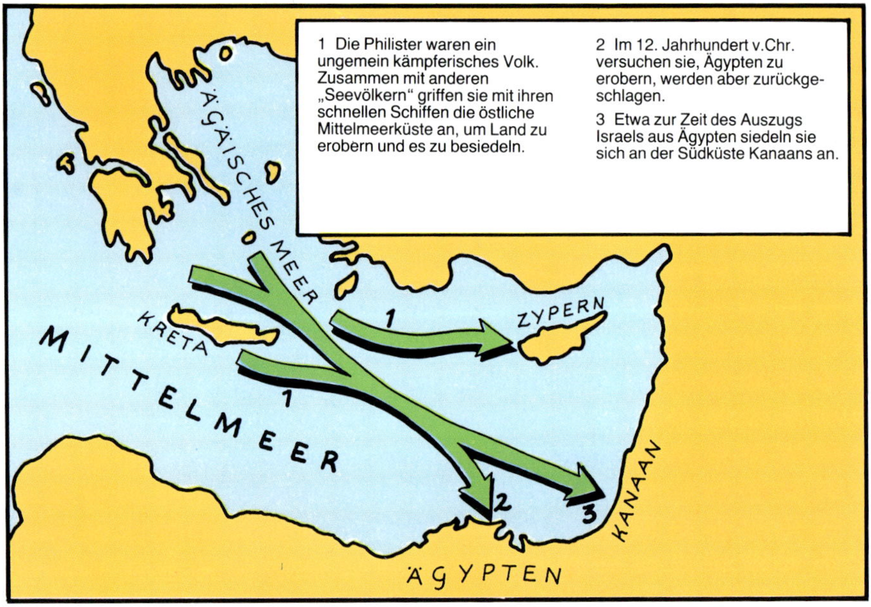

1 Die Philister waren ein ungemein kämpferisches Volk. Zusammen mit anderen „Seevölkern" griffen sie mit ihren schnellen Schiffen die östliche Mittelmeerküste an, um Land zu erobern und es zu besiedeln.

2 Im 12. Jahrhundert v.Chr. versuchen sie, Ägypten zu erobern, werden aber zurückgeschlagen.

3 Etwa zur Zeit des Auszugs Israels aus Ägypten siedeln sie sich an der Südküste Kanaans an.

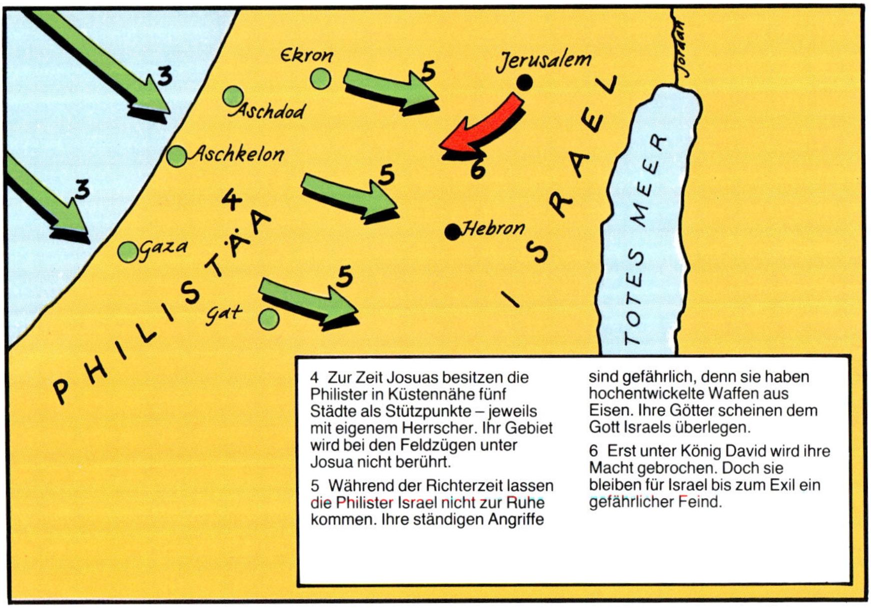

4 Zur Zeit Josuas besitzen die Philister in Küstennähe fünf Städte als Stützpunkte – jeweils mit eigenem Herrscher. Ihr Gebiet wird bei den Feldzügen unter Josua nicht berührt.

5 Während der Richterzeit lassen die Philister Israel nicht zur Ruhe kommen. Ihre ständigen Angriffe sind gefährlich, denn sie haben hochentwickelte Waffen aus Eisen. Ihre Götter scheinen dem Gott Israels überlegen.

6 Erst unter König David wird ihre Macht gebrochen. Doch sie bleiben für Israel bis zum Exil ein gefährlicher Feind.

Israel im Kreuzfeuer

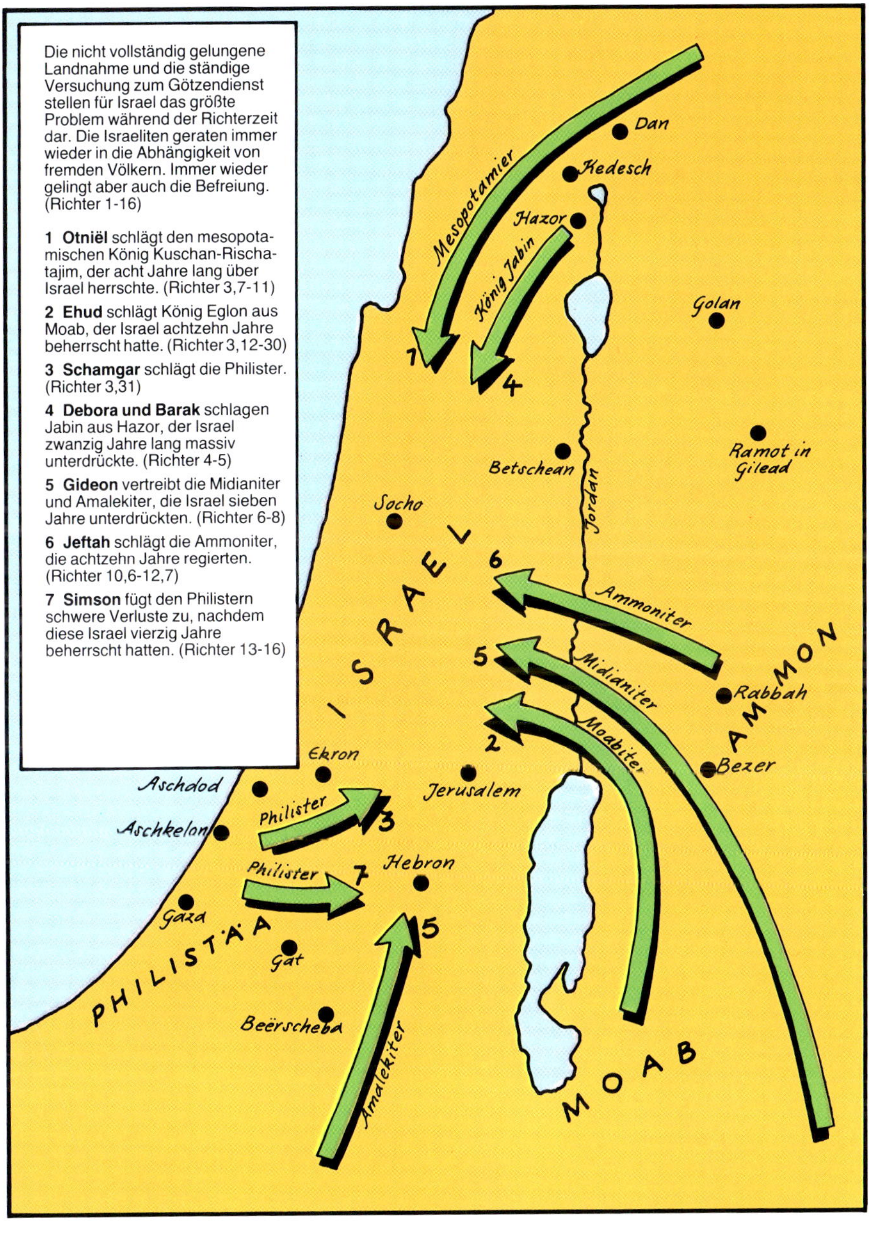

Die nicht vollständig gelungene Landnahme und die ständige Versuchung zum Götzendienst stellen für Israel das größte Problem während der Richterzeit dar. Die Israeliten geraten immer wieder in die Abhängigkeit von fremden Völkern. Immer wieder gelingt aber auch die Befreiung. (Richter 1-16)

1 **Otniël** schlägt den mesopotamischen König Kuschan-Rischatajim, der acht Jahre lang über Israel herrschte. (Richter 3,7-11)

2 **Ehud** schlägt König Eglon aus Moab, der Israel achtzehn Jahre beherrscht hatte. (Richter 3,12-30)

3 **Schamgar** schlägt die Philister. (Richter 3,31)

4 **Debora und Barak** schlagen Jabin aus Hazor, der Israel zwanzig Jahre lang massiv unterdrückte. (Richter 4-5)

5 **Gideon** vertreibt die Midianiter und Amalekiter, die Israel sieben Jahre unterdrückten. (Richter 6-8)

6 **Jeftah** schlägt die Ammoniter, die achtzehn Jahre regierten. (Richter 10,6-12,7)

7 **Simson** fügt den Philistern schwere Verluste zu, nachdem diese Israel vierzig Jahre beherrscht hatten. (Richter 13-16)

Deboras Sieg

Israel litt zwanzig Jahre lang unter der Gewaltherrschaft König Jabins aus Hazor. Debora, eine Prophetin, faßte mit Barak einen Plan, um die Armee Jabins zu vernichten... (Richter 4,1-9)

1 Debora und Barak sammeln eine Armee aus den Stämmen Israels auf dem Berg Tabor, der höchsten Erhebung im Umkreis. (Richter 4,10)
2 Sisera, ein Kommandeur der Armee Jabins, führt seine Truppen, verstärkt durch 900 eiserne Kampfwagen, an den Fuß des Berges Tabor. (Richter 4,12-13)
3 Debora gibt das Zeichen zum Angriff (möglicherweise nach einem heftigen Regenschauer). Baraks Truppen stürmen den steilen Abhang des Tabor hinunter. Siseras Truppen werden von Panik ergriffen und flüchten. (Richter 4,14-15)
4 Am Fluß Kischon geraten Siseras Kriegswagen in Schwierigkeiten. (Richter 5,21)
5 Andere Kanaaniterkönige versuchen, Siseras Leuten bei Taanach zur Hilfe zu kommen, aber auch sie werden besiegt. (Richter 5,19)
6 Barak verfolgt die flüchtende Armee bis nach Haroschet. Sie wird vernichtend geschlagen. (Richter 4,16)
7 Sisera selbst verläßt seinen steckengebliebenen Kampfwagen. Er flieht und wird von einer Frau getötet. (Richter 4,17-22)

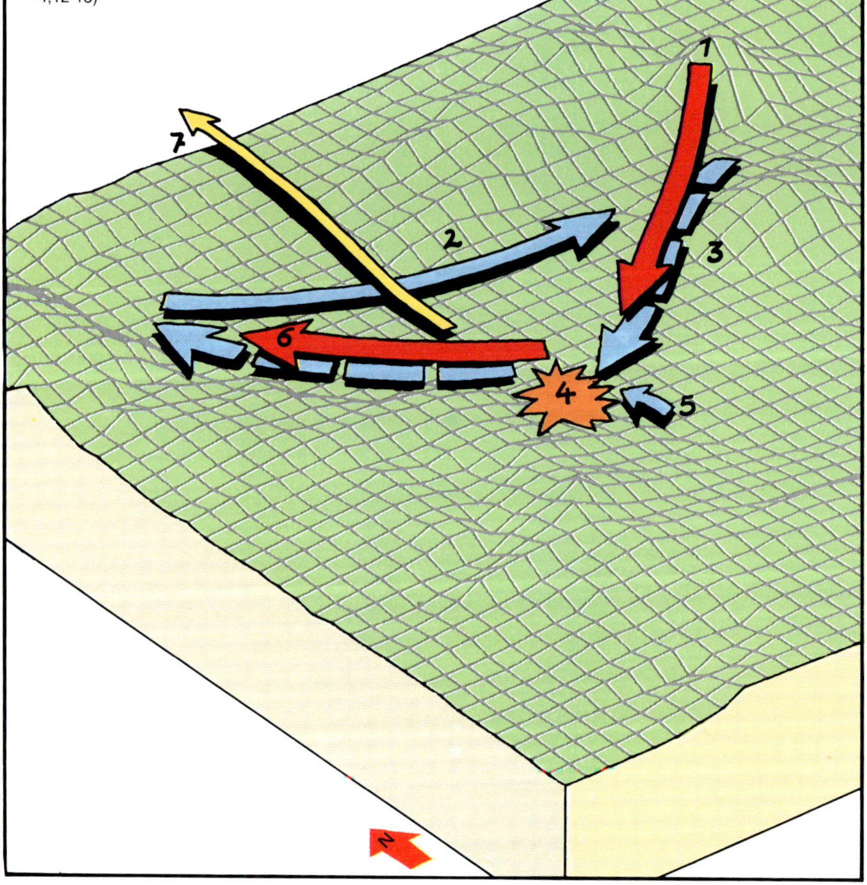

Gideon

Die Midianiter, ein verwegenes Wüstenvolk, hatten mehr als sieben Jahre über Israel geherrscht. (Richter 6-7)

1 Ein Heer der Midianiter lagert im Tal von Jesreel.

2 Gideon ruft die nördlichen Stämme Israels in seiner Heimatstadt Ofra zusammen. (Richter 6,34-35)

3 Gideon lagert mit seinen Truppen am Brunnen Harod. Dort verkleinert er sein Heer auf dreihundert Mann – sie sollen den Sieg nicht auf eigene Stärke zurückführen! (Richter 7,1-8)

4 Bei Nacht erkunden Gideon und sein Waffenträger das Lager der Midianiter. Dann teilt er sein Heer in drei Truppen auf. Jeder Mann ergreift seine Trompete und eine Fackel, die er in einem Krug versteckt hält. Die Midianiter werden vom Trompetenschall und vom Lärm zerbrechender Krüge überrascht. (Richter 7,10-22)

5 Völlig verwirrt fliehen die Midianiter zum Jordantal. Weitere Truppen nehmen die Verfolgung auf und machen den Sieg vollständig. (Richter 7,22-8,3)

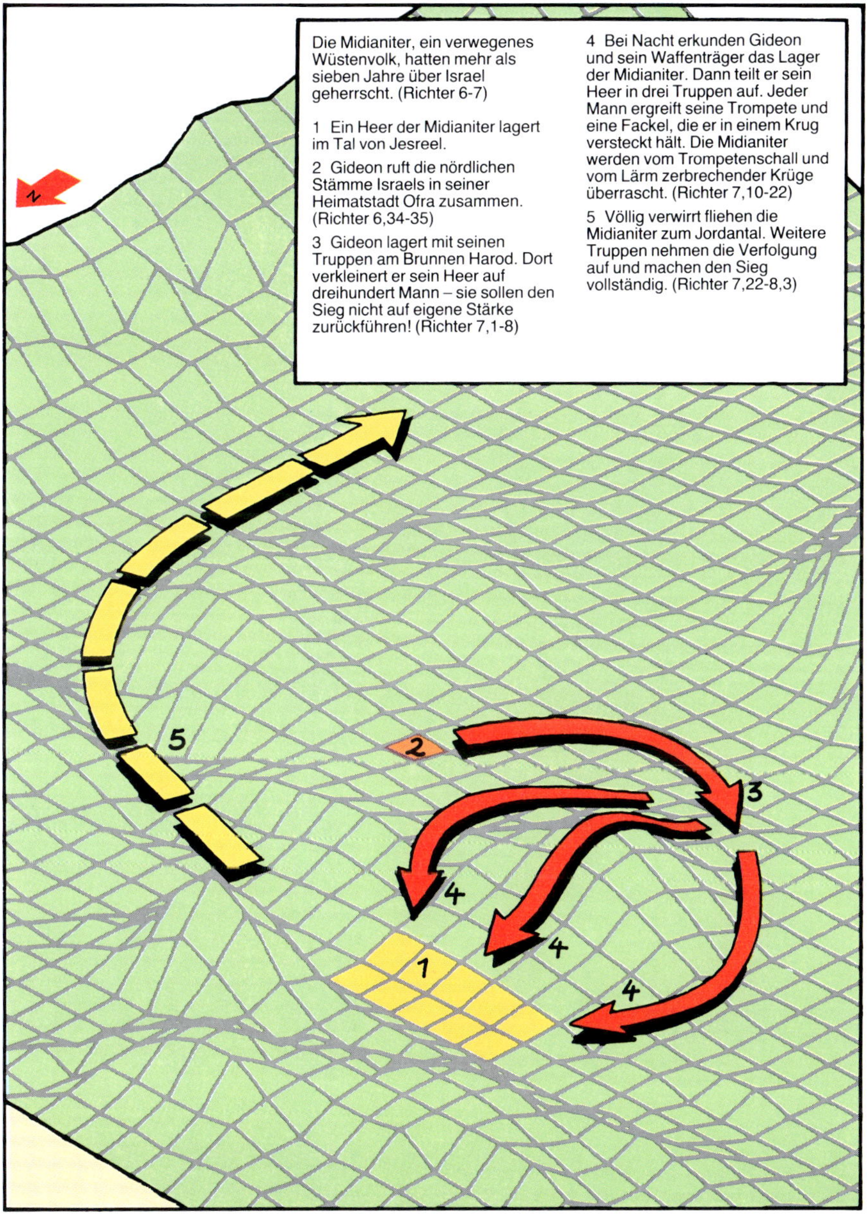

Bundeslade erbeutet!

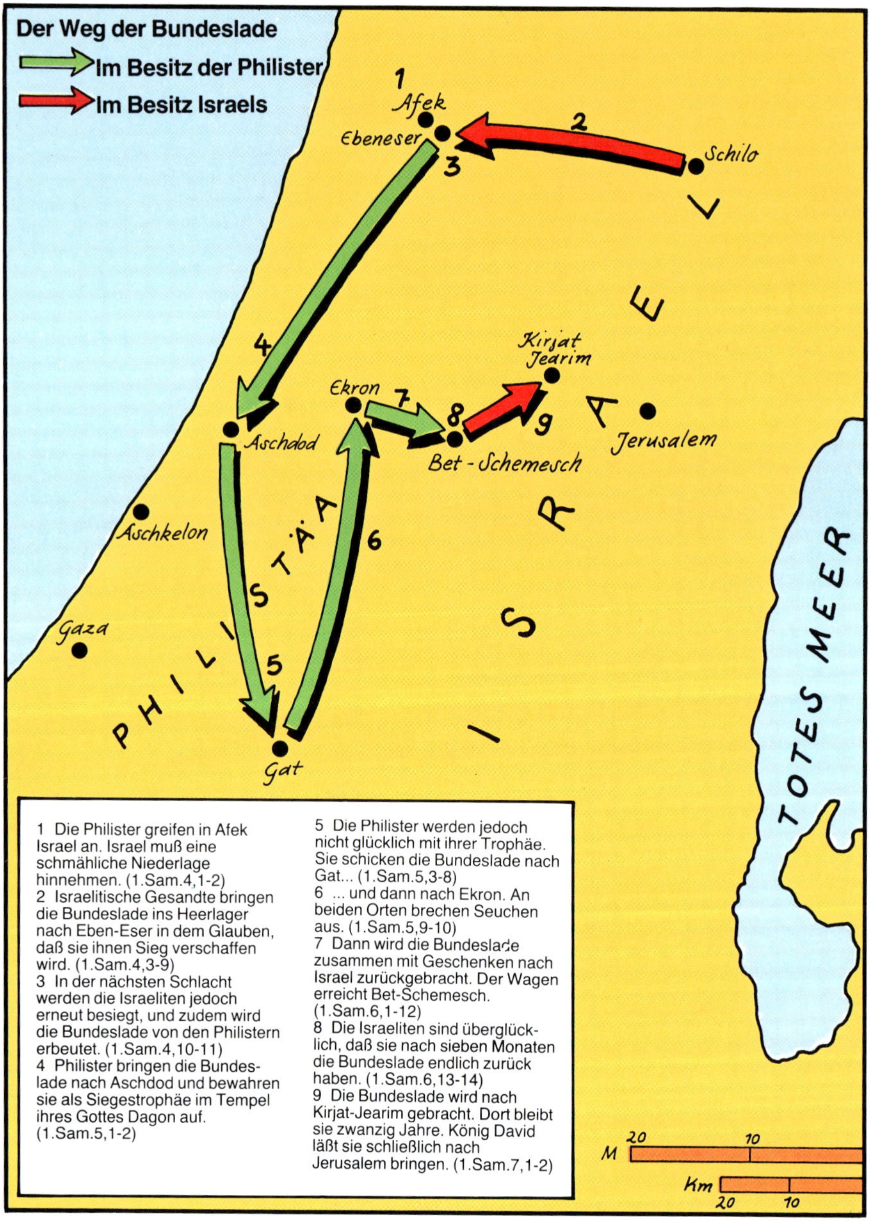

1 Die Philister greifen in Afek Israel an. Israel muß eine schmähliche Niederlage hinnehmen. (1.Sam.4,1-2)
2 Israelitische Gesandte bringen die Bundeslade ins Heerlager nach Eben-Eser in dem Glauben, daß sie ihnen Sieg verschaffen wird. (1.Sam.4,3-9)
3 In der nächsten Schlacht werden die Israeliten jedoch erneut besiegt, und zudem wird die Bundeslade von den Philistern erbeutet. (1.Sam.4,10-11)
4 Philister bringen die Bundeslade nach Aschdod und bewahren sie als Siegestrophäe im Tempel ihres Gottes Dagon auf. (1.Sam.5,1-2)
5 Die Philister werden jedoch nicht glücklich mit ihrer Trophäe. Sie schicken die Bundeslade nach Gat... (1.Sam.5,3-8)
6 ... und dann nach Ekron. An beiden Orten brechen Seuchen aus. (1.Sam.5,9-10)
7 Dann wird die Bundeslade zusammen mit Geschenken nach Israel zurückgebracht. Der Wagen erreicht Bet-Schemesch. (1.Sam.6,1-12)
8 Die Israeliten sind überglücklich, daß sie nach sieben Monaten die Bundeslade endlich zurück haben. (1.Sam.6,13-14)
9 Die Bundeslade wird nach Kirjat-Jearim gebracht. Dort bleibt sie zwanzig Jahre. König David läßt sie schließlich nach Jerusalem bringen. (1.Sam.7,1-2)

4

WIR WOLLEN EINEN KÖNIG

Die Erfahrungen mit Terror und Unterdrückung sowie das Vorbild der anderen Völker weckten in Israel den Wunsch nach einheitlicher Führung, nach einem König. Saul, der erste König Israels, versagte. Aber unter David und Salomo wurde das Königreich Israel mächtig und reich.
Ihr Wunsch brachte den Israeliten aufs ganze gesehen jedoch wenig Glück. Es gab korrupte Könige, die Israel zum Götzendienst verführten. Auch auf sozialem Gebiet wurden die Unterschiede zwischen arm und reich immer größer.

Wir wollen einen König

Zu Kapitel 4 gehören folgende Karten:

- **Saul wird König** (S. 43). Der Prophet Samuel salbt Saul im Jahre 1050 v.Chr. zum König über Israel.
- **Niederlage gegen die Philister** (S. 44). Bei einer Invasion der Philister werden Sauls Fähigkeiten auf die Probe gestellt. Unter dem Druck der Verhältnisse wird er Gott ungehorsam. Samuel muß ihm sagen, daß Gott sich einen anderen als König erwählen wird.
- **Jonathans Tapferkeit** (S. 45). Schließlich leitet Jonathan, ein Sohn von Saul, die Niederlage der Philister ein.
- **Saul und David** (S. 46). Inzwischen ist David heimlich zum Nachfolger Sauls gesalbt worden. Dieser trachtet David nach dem Leben und verfolgt ihn hartnäckig. David jedoch bleibt seinem König treu, weil er Gott nicht vorgreifen will.
- **Sauls letzte Schlacht** (S. 47). Bei einer verheerenden Invasion der Philister im Jahre 1010 v.Chr. kommt Saul um. David wird König.
- **Jerusalem wird erobert** (S. 48). David besiegt die Jebusiter und macht Jerusalem zu seinem Regierungssitz.
- **David schlägt die Philister** (S. 49). Die Philister werden von David geschlagen, nachdem sie viele Jahre Israel in Schrekken versetzten.
- **David unterwirft seine Feinde** (S. 50). Durch eine Reihe taktischer Feldzüge sichert David die Grenzen seines Königreichs.
- **Der Mord an Uria** (S. 51). David nimmt sich die Frau eines Soldaten und läßt diesen ermorden.
- **Aufstand gegen David** (S. 52). Absalom, ein Sohn Davids, zettelt einen Aufstand gegen seinen Vater an und kommt dabei selbst um.
- **Internationale Beziehungen** (S. 53). Salomo wird 971 v.Chr. Davids Thronfolger. Seine Geschäftstüchtigkeit und Weisheit machen ihn weltberühmt.
- **Salomos Lebensstandard** (S. 54). Die Kosten für den Luxus am Hofe steigen nahezu ins Unermeßliche. Dies wird später zu Schwierigkeiten führen.
- **Salomos Frauen** (S. 55). Als Statussymbol und aus politischen Gründen heiratet Salomo viele Frauen. Sie bringen ihre heidnischen Kulte mit.

Das Volk verlangt einen König:
„Wir wollen einen König, der uns regiert. Dann werden wir sein wie die anderen Völker, mit einem König, der uns führt und vor uns her in den Kampf zieht."

Ein Volkslied, das Saul gegen David aufbrachte:
„Saul hat Tausende erschlagen, aber David Zehntausende."

Ein Psalm Davids, als er vor Absalom floh:
„Ich lege mich nieder und schlafe. Ich erwache wieder, denn der Herr erhält mich. Ich werde nicht die Zehntausende fürchten, die zu jeder Seite wider mich herangezogen sind."

Ein Spruch Salomos:
„Nimm die Verunreinigungen aus dem Silber weg, und der Künstler kann Schmuck daraus herstellen. Entferne schlechte Ratgeber vom König, und seine Herrschaft wird berühmt werden für ihre Gerechtigkeit."

Saul wird König

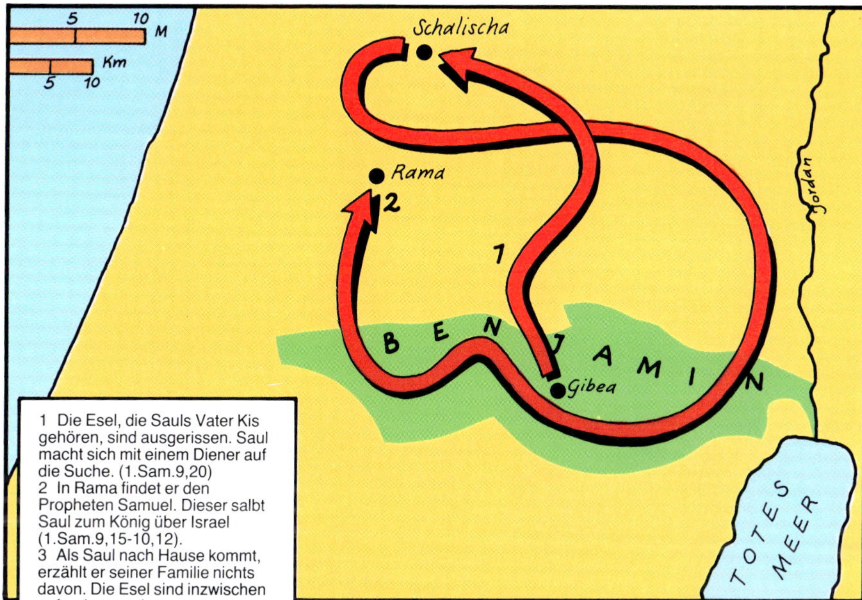

1 Die Esel, die Sauls Vater Kis gehören, sind ausgerissen. Saul macht sich mit einem Diener auf die Suche. (1.Sam.9,20)
2 In Rama findet er den Propheten Samuel. Dieser salbt Saul zum König über Israel (1.Sam.9,15-10,12).
3 Als Saul nach Hause kommt, erzählt er seiner Familie nichts davon. Die Esel sind inzwischen gefunden worden. (1.Sam.10,14-16)
4 Samuel ruft Israel in Mizpa zusammen. Dort wird Saul öffentlich zum König erklärt. (1.Sam.10,17-27)

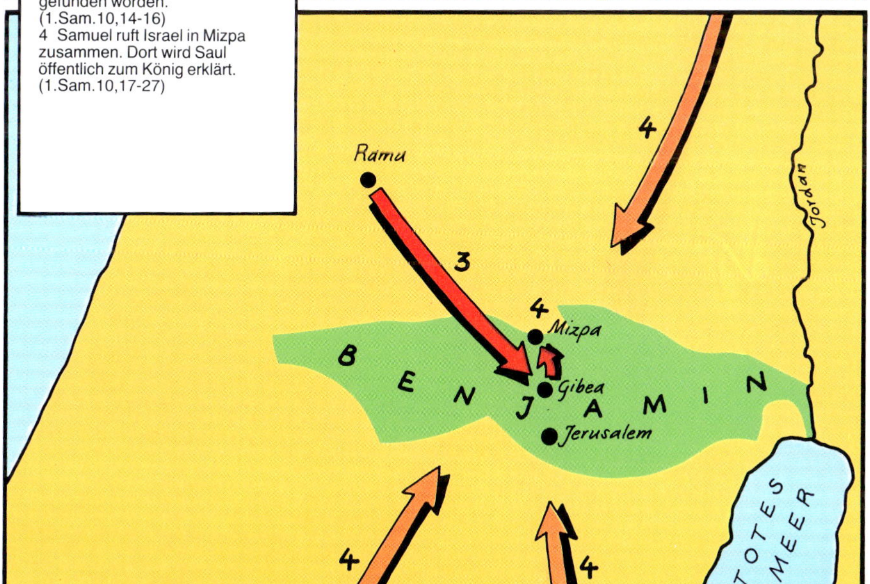

Gegen die Philister

Saul wurde König, um Israel von den Philistern zu befreien. Bald hat er dazu Gelegenheit.
1 Saul lagert mit einem Heer von 3000 Männern bei Michmas. (1.Sam.13,2)
2 Er schickt tausend Männer unter der Führung seines Sohnes Jonathan nach Gibea, um diese Festung der Philister anzugreifen. Im Handstreich nimmt Jonathan einen Vorposten. (1.Sam.13,2-3)
3 Saul ruft in Gilgal ganz Israel zum Kampf auf. (1.Sam.13,4)
4 Von Jonathans Angriff überrascht, ziehen die Philister mit einem starken Heer nach Michmas. Sauls Truppen bekommen es mit der Angst zu tun. (1.Sam.13,5-8)
5 Statt auf Samuel zu warten, bringt Saul selbst Gott Opfer dar. Es ist der verzweifelte Versuch, seine Truppen zusammenzuhalten. Samuel sagt daraufhin Sauls Sturz voraus. (1.Sam.13,9-14)
6 Bei Gibea trifft Saul mit nur noch 600 Männern Jonathan. (1.Sam.13,15)
7 Saul und Jonathan lagern sich mit ihren Männern bei Gibea, den Philistern gegenüber. (1.Sam.13,16)
8 Die Philister unternehmen Raubzüge in der Umgebung. (1.Sam.13,17-22)
9 Zwanzig ihrer Soldaten sichern den Eingang des Michmas-Tals vor Angriffen. (1.Sam.13,23)

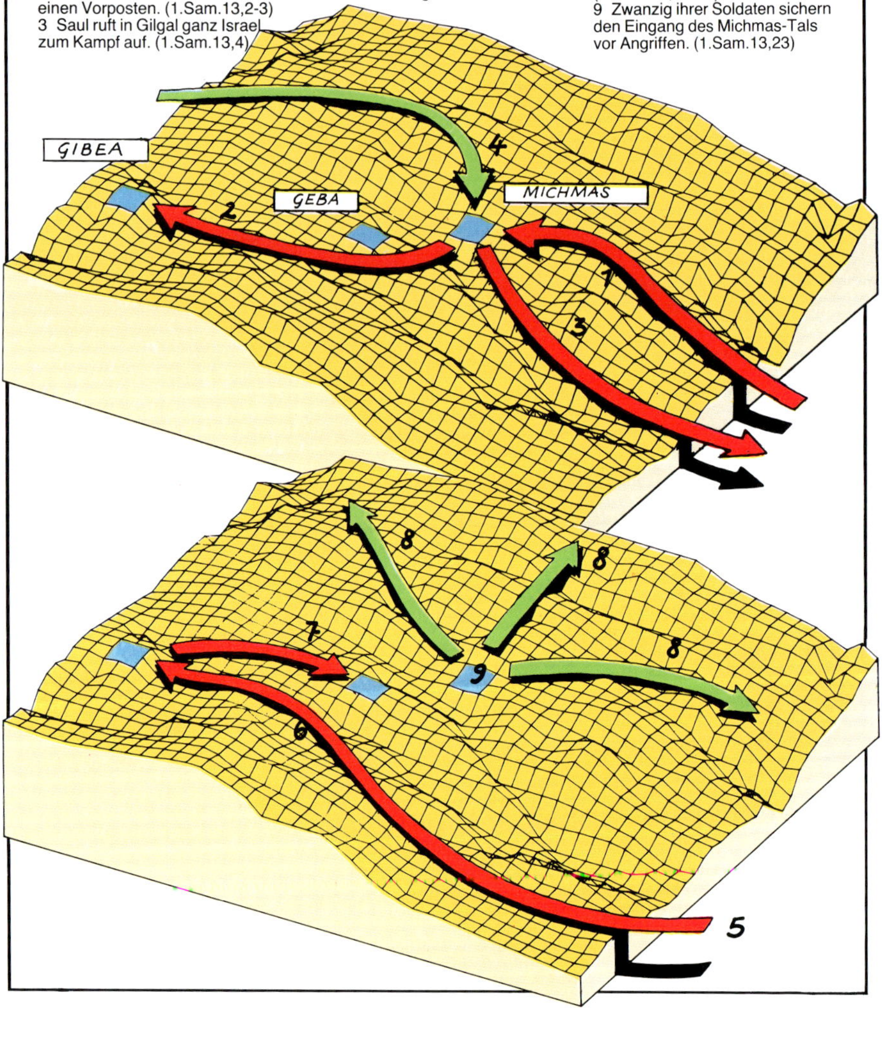

Jonathans Tapferkeit

1 Sauls Truppen befinden sich nun in Migron. Beide Seiten bereiten sich auf den Angriff vor. (1.Sam.14,1-2)

2 Jonathan und sein Waffenträger verlassen heimlich das Lager zu einem Streifzug. Nicht einmal Saul weiß etwas davon. (1.Sam.14,3)

3 Sie schleichen sich durch das Michmas-Tal, überraschen die Philister und töten 20 von ihnen. (1.Sam.14,4-14)

4 Bei den Philistern bricht Panik aus. (1.Sam.14,15)

5 Saul nutzt die Gelegenheit zum Angriff. (1.Sam.14,16-20)

6 Die Philister fliehen und werden von Saul verfolgt. (1.Sam.14,22)

7 Auch die zuvor geflüchteten Israeliten schließen sich der Verfolgung an. (1.Sam.14,21)

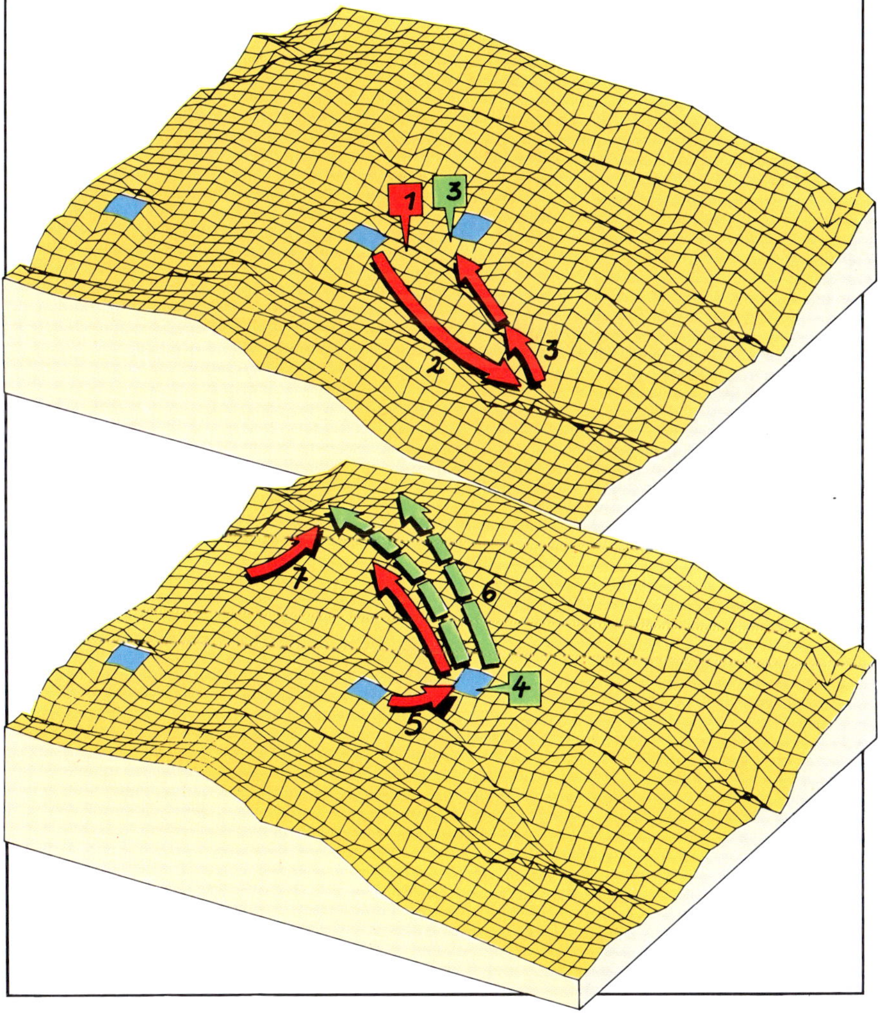

Saul und David

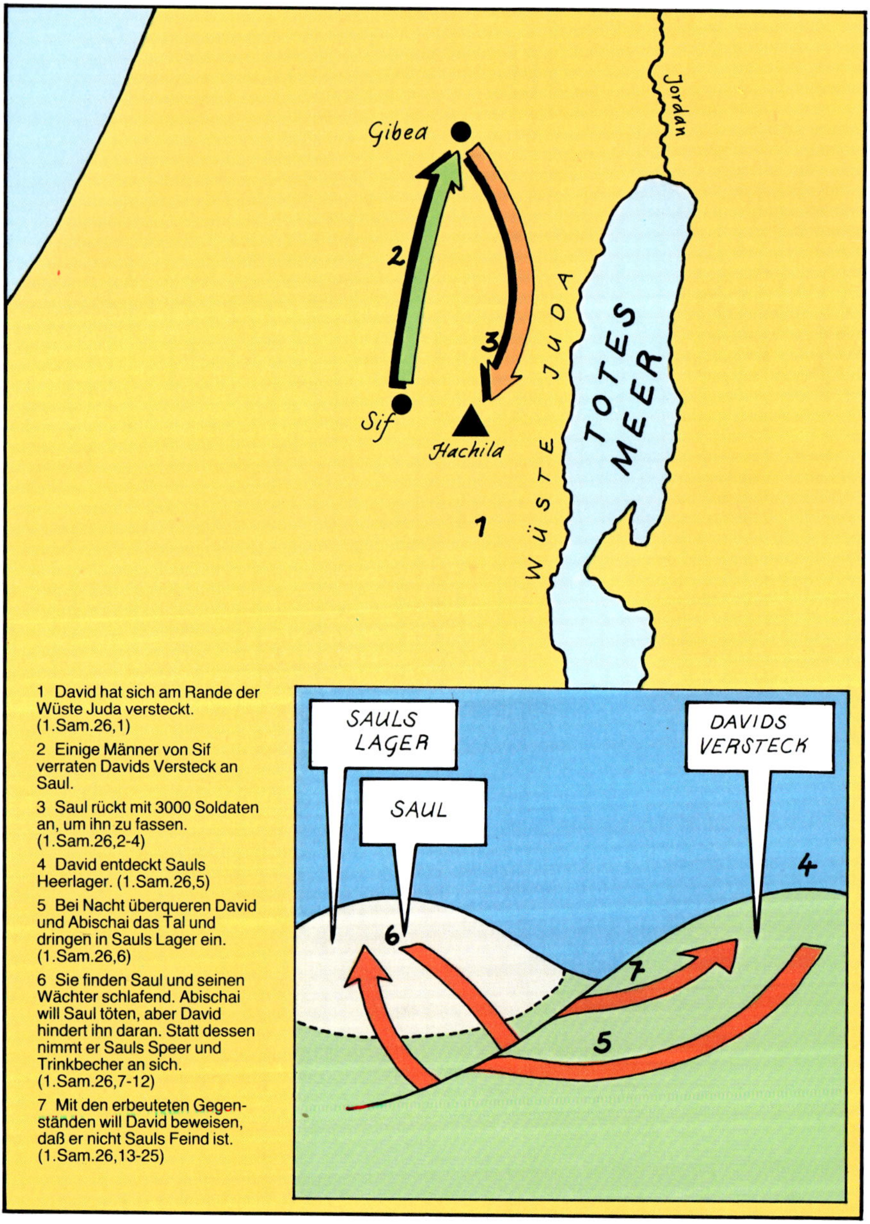

1 David hat sich am Rande der Wüste Juda versteckt. (1.Sam.26,1)

2 Einige Männer von Sif verraten Davids Versteck an Saul.

3 Saul rückt mit 3000 Soldaten an, um ihn zu fassen. (1.Sam.26,2-4)

4 David entdeckt Sauls Heerlager. (1.Sam.26,5)

5 Bei Nacht überqueren David und Abischai das Tal und dringen in Sauls Lager ein. (1.Sam.26,6)

6 Sie finden Saul und seinen Wächter schlafend. Abischai will Saul töten, aber David hindert ihn daran. Statt dessen nimmt er Sauls Speer und Trinkbecher an sich. (1.Sam.26,7-12)

7 Mit den erbeuteten Gegenständen will David beweisen, daß er nicht Sauls Feind ist. (1.Sam.26,13-25)

Sauls letzte Schlacht

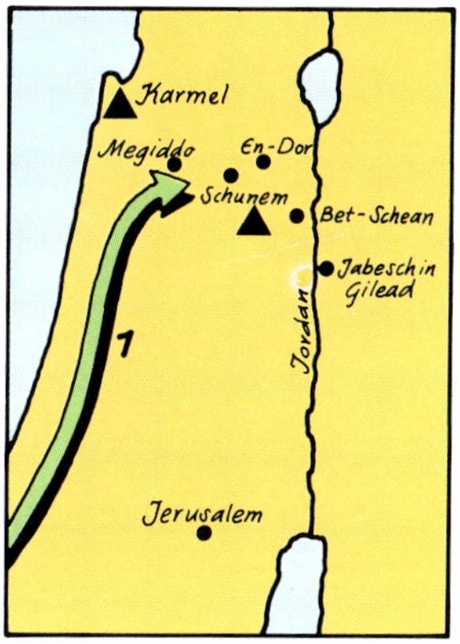

1 Die Armeen der Philister marschieren in Küstennähe zum Tal Jesreel. Bei Schunem schlagen sie ihr Lager auf, um ins Zentrum Israels vorzustoßen. (1.Sam.28,4)

2 Sauls Truppen lagern im Gilboa-Gebirge – eine günstige Verteidigungsstellung. (1.Sam.28,4)

3 Saul ist erschrocken über die Stärke der Philister. Er fragt Gott um Rat – aber Gott schweigt. (1.Sam.28,5.6)

4 Obwohl er selbst Wahrsagerei in jeder Form in Israel verboten hat, befragt Saul nachts eine Totenbeschwörerin bei Endor. Ihm wird der Untergang vorausgesagt. (1.Sam.28,7-19)

5 Die Philister greifen an und schlagen die Israeliten in die Flucht. Saul begeht Selbstmord, sein Sohn Jonathan fällt in der Schlacht. (1.Sam.31,1-6) David trauert um beide. (2.Sam.1,17-27)

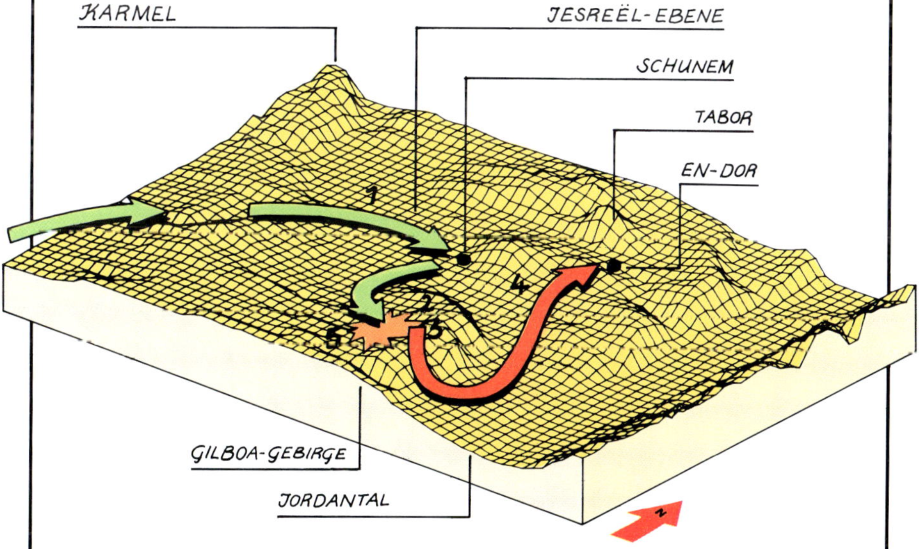

Jerusalem wird erobert

David war schon seit sieben Jahren König in Hebron. Jerusalem befand sich noch immer in den Händen der Jebusiter. Die strategisch günstige Lage der Stadt erleichterte die Verteidigung. (2.Sam.5,1-5)

1 David greift die Stadt an, vermutlich an der schwächsten Stelle, von Norden her. (2.Sam.5,6)

2 Die Jebusiter widerstehen Davids Eroberungsversuch. Sie besitzen einen unterirdischen Tunnel zur Gihonquelle außerhalb der Stadtmauern. (2.Sam.5,6)

3 **Karte rechts:** David will den ersten, dem es gelingt, in die Stadt einzudringen, zum Oberbefehlshaber seiner Armee machen. Joab gelingt es. (2.Sam.5,8)

4 Joab und seine Männer überraschen die ahnungslosen Verteidiger. Jerusalem ist über 33 Jahre lang Davids Regierungssitz. (1.Chron.11,4-9)

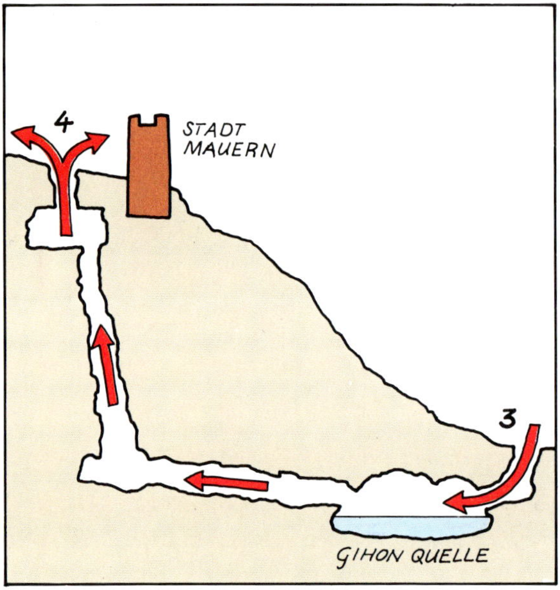

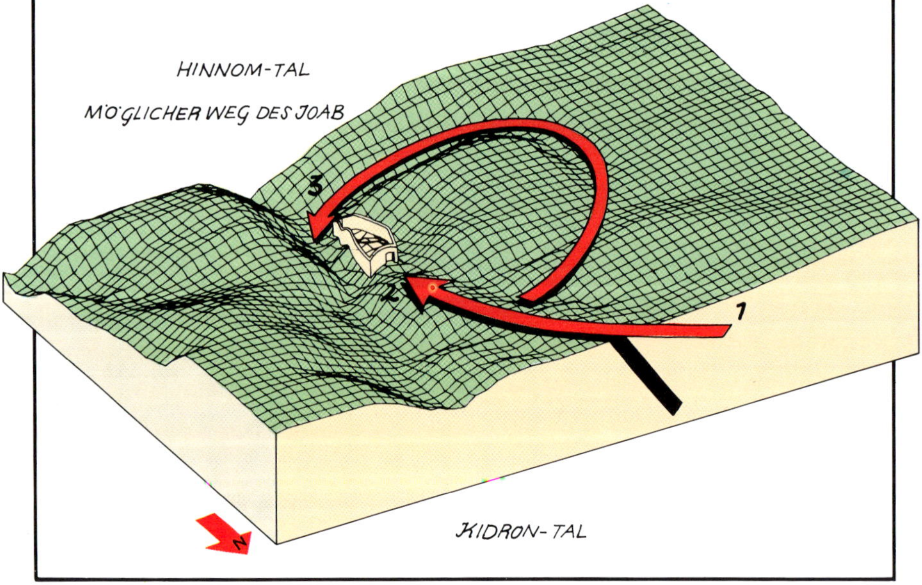

David schlägt die Philister

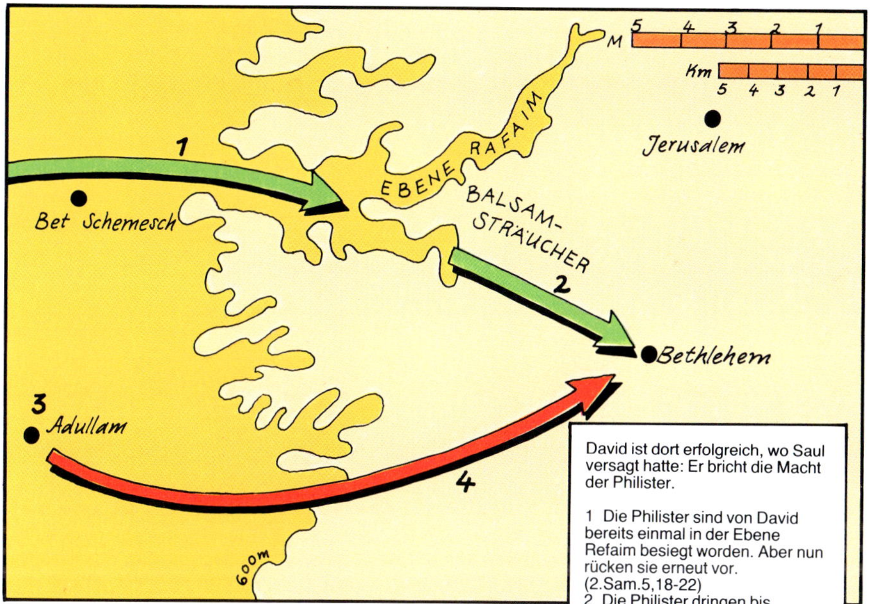

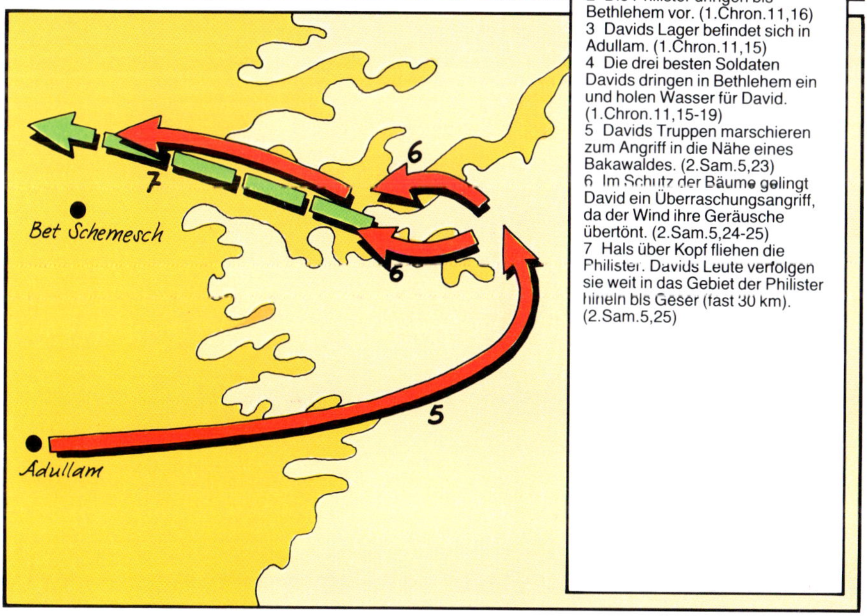

David ist dort erfolgreich, wo Saul versagt hatte: Er bricht die Macht der Philister.

1 Die Philister sind von David bereits einmal in der Ebene Refaim besiegt worden. Aber nun rücken sie erneut vor. (2.Sam.5,18-22)
2 Die Philister dringen bis Bethlehem vor. (1.Chron.11,16)
3 Davids Lager befindet sich in Adullam. (1.Chron.11,15)
4 Die drei besten Soldaten Davids dringen in Bethlehem ein und holen Wasser für David. (1.Chron.11,15-19)
5 Davids Truppen marschieren zum Angriff in die Nähe eines Bakawaldes. (2.Sam.5,23)
6 Im Schutz der Bäume gelingt David ein Überraschungsangriff, da der Wind ihre Geräusche übertönt. (2.Sam.5,24-25)
7 Hals über Kopf fliehen die Philister. Davids Leute verfolgen sie weit in das Gebiet der Philister hinein bis Geser (fast 30 km). (2.Sam.5,25)

David unterwirft die Feinde

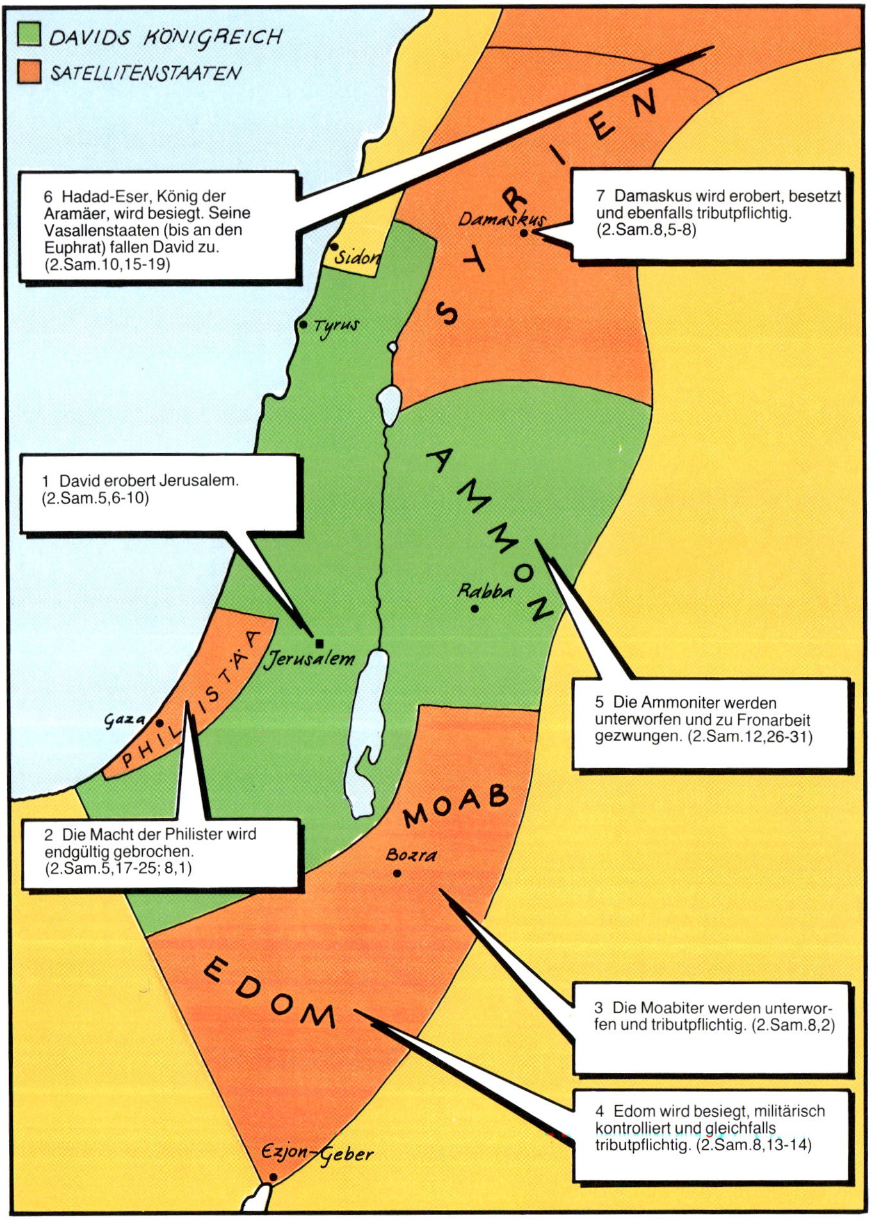

Der Mord an Uria

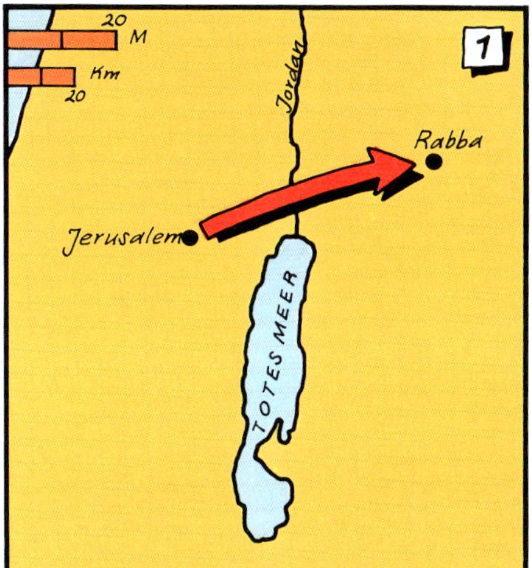

David begeht Ehebruch und Mord.

Joab, Oberbefehlshaber von Davids Heer, greift die Ammoniter in ihrer Hauptstadt Rabba an. David bleibt zu Hause. Er läßt Batseba, die Frau eines seiner Soldaten, zu sich bringen und schläft mit ihr. Sie wird schwanger. (2.Sam.11,1-5)

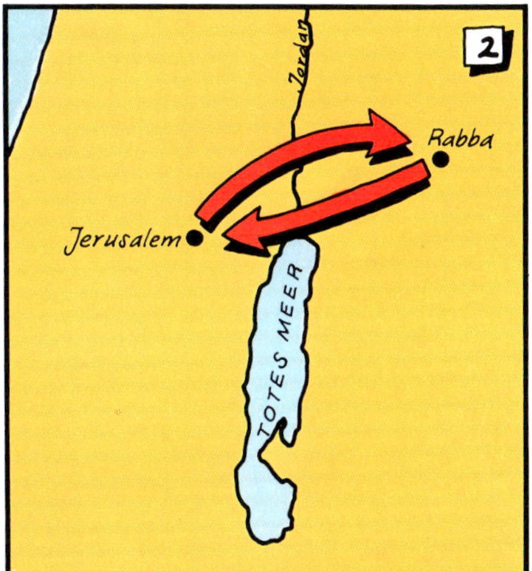

David läßt ihren Mann Uria heimrufen und ermuntert ihn, daheim bei seiner Frau zu schlafen. Aber dieser will nicht besser gestellt sein als seine Kameraden und lehnt ab. David schickt Uria mit einem Brief an Joab zurück, der einem Todesurteil gleichkommt. (2.Sam.11,6-15)

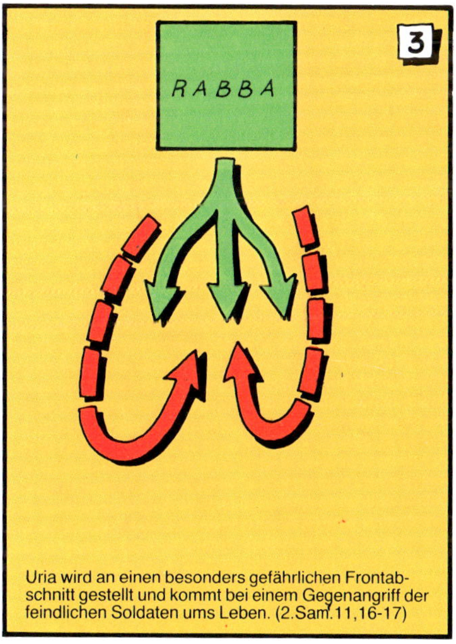

Uria wird an einen besonders gefährlichen Frontabschnitt gestellt und kommt bei einem Gegenangriff der feindlichen Soldaten ums Leben. (2.Sam.11,16-17)

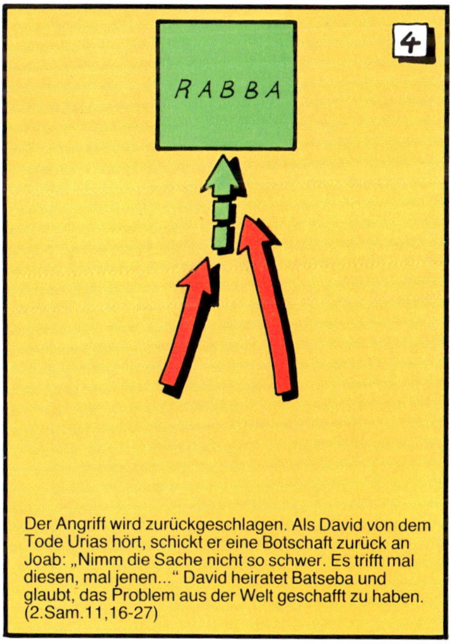

Der Angriff wird zurückgeschlagen. Als David von dem Tode Urias hört, schickt er eine Botschaft zurück an Joab: „Nimm die Sache nicht so schwer. Es trifft mal diesen, mal jenen..." David heiratet Batseba und glaubt, das Problem aus der Welt geschafft zu haben. (2.Sam.11,16-27)

Aufstand gegen David

Absalom plant einen Staatsstreich gegen seinen Vater David.

1 Absalom hat vier Jahre lang in Jerusalem eine Verschwörung gegen David vorbereitet. Nun will er sie in Hebron verwirklichen. (2.Sam.15,1-12)

2 David hört von dieser Verschwörung und flüchtet aus Jerusalem. Er läßt Huschai, seinen vertrauten Ratgeber, zurück, um Absalom auszuhorchen und in die Irre zu führen. (2.Sam.15,13-16; 32-37)

3 Absalom marschiert in Jerusalem ein. (2.Sam.16,15)

4 David überquert den Jordan, nachdem er eine geheime Botschaft von Huschai empfangen hat. (2.Sam.17,17-22)

5 Davids Heer wird in Mahanajim freundlich aufgenommen. (2.Sam.17,24-29)

6 **Kleine Karte:** Absalom verfolgt Davids Truppen. Im Wald von Efraim kommt es zum Kampf. Joab tötet Absalom. Der Staatsstreich ist gescheitert. (2.Sam.18,1-18)

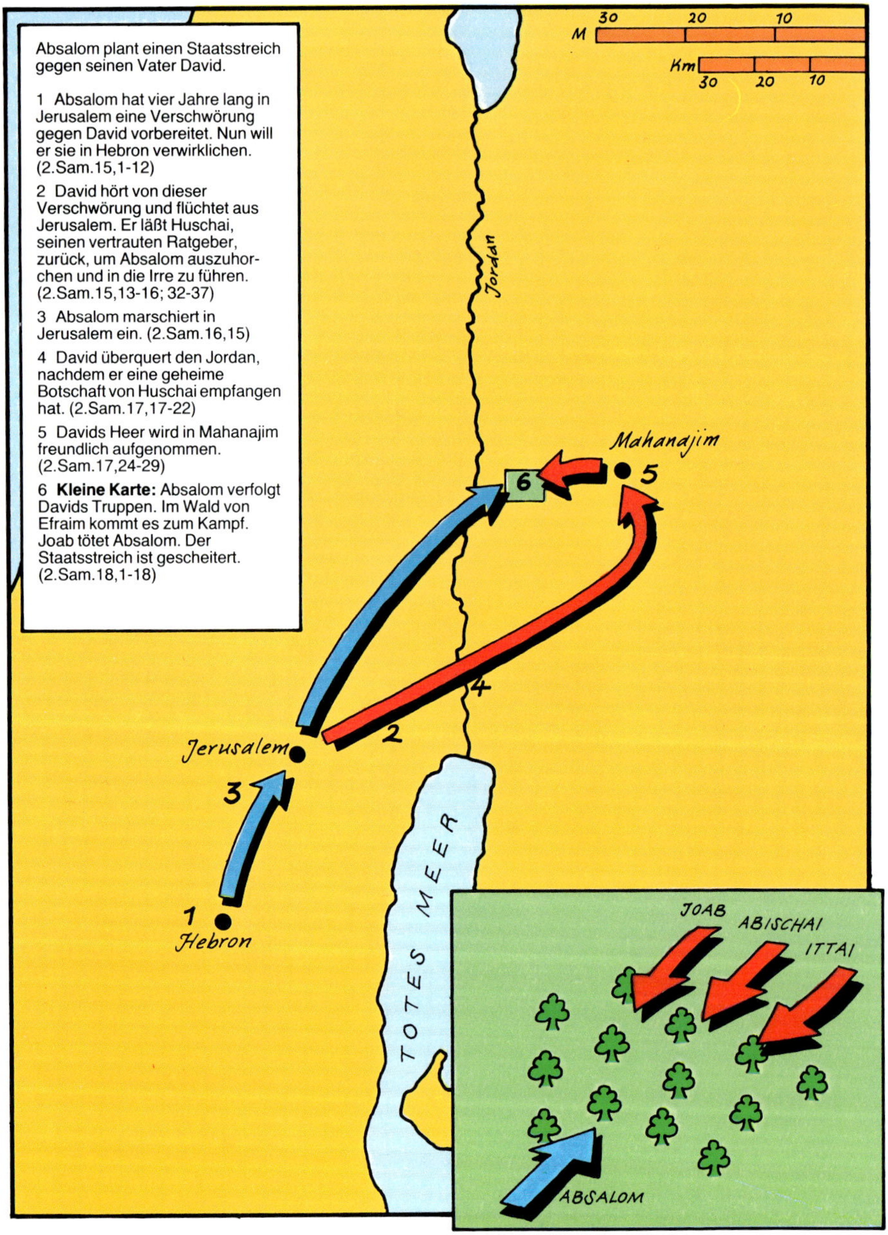

Handelsbeziehungen

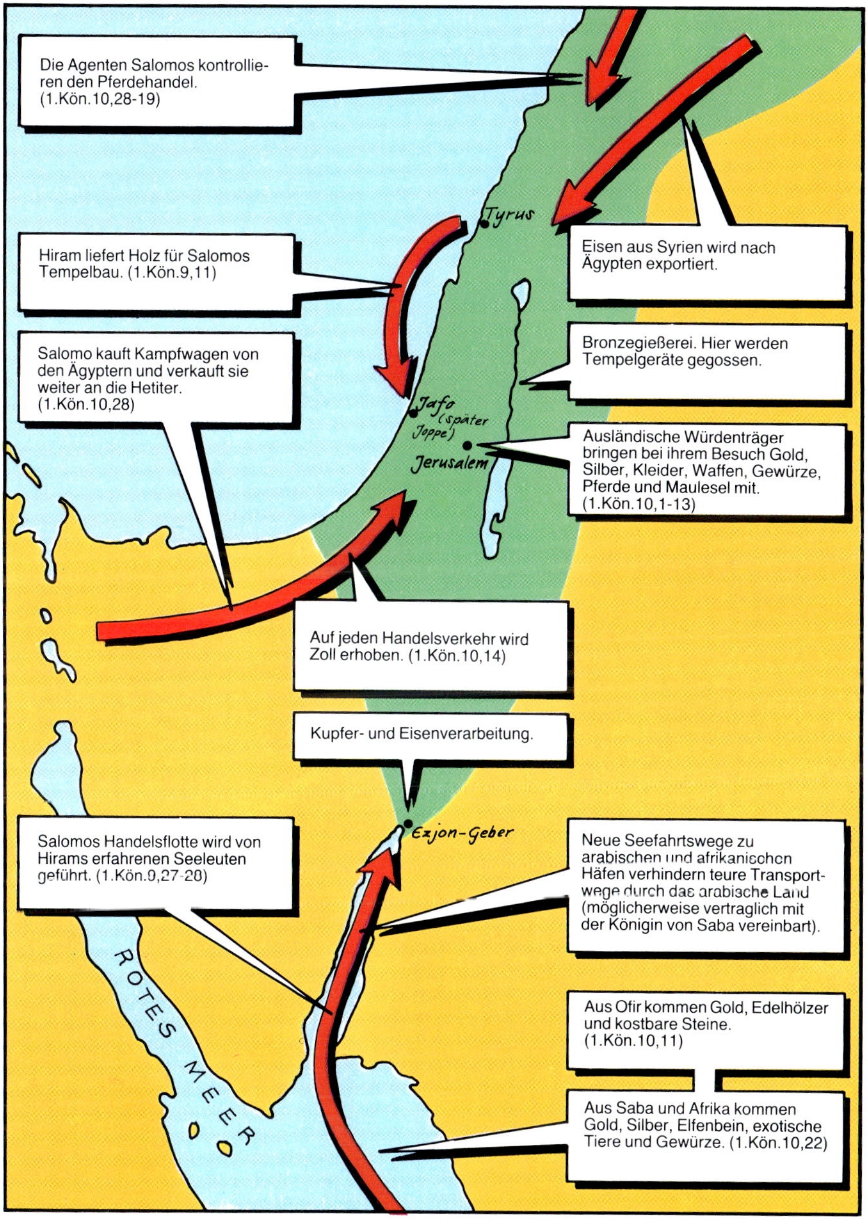

Salomos Lebensstandard

König Salomo stellte enorme Ansprüche, so daß die Ausgaben am Hofe immer mehr zunahmen. Die Einkünfte im Handel reichten bei weitem nicht aus, alle Rechnungen zu bezahlen. Darum teilte er sein Königreich in zwölf Steuerbezirke auf. Das Volk Israel mußte den luxuriösen Lebensstil am königlichen Hof bezahlen. Es wurden Statthalter eingesetzt, die jeweils einen Monat für die Lebensmittelversorgung verantwortlich waren. (1.Kön.4,7) Sklavenarbeit sollte die Kosten seiner riesigen Bauvorhaben niedriger halten. (1.Kön.5,27-30) Dies führte nach Salomos Tod zum Zerfall des Königreichs. (1.Kön.12)

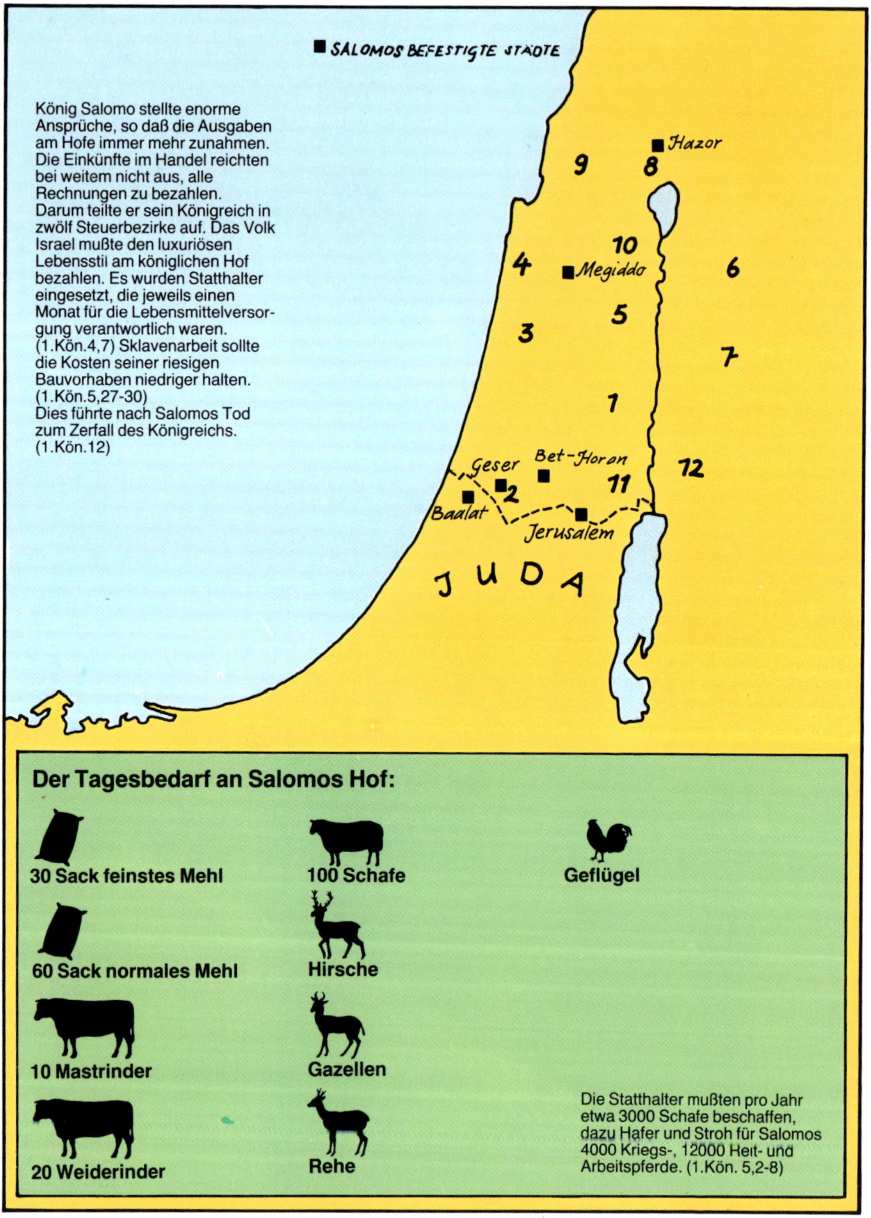

Der Tagesbedarf an Salomos Hof:

30 Sack feinstes Mehl

100 Schafe

Geflügel

60 Sack normales Mehl

Hirsche

10 Mastrinder

Gazellen

20 Weiderinder

Rehe

Die Statthalter mußten pro Jahr etwa 3000 Schafe beschaffen, dazu Hafer und Stroh für Salomos 4000 Kriegs-, 12000 Reit- und Arbeitspferde. (1.Kön. 5,2-8)

Salomos Frauen

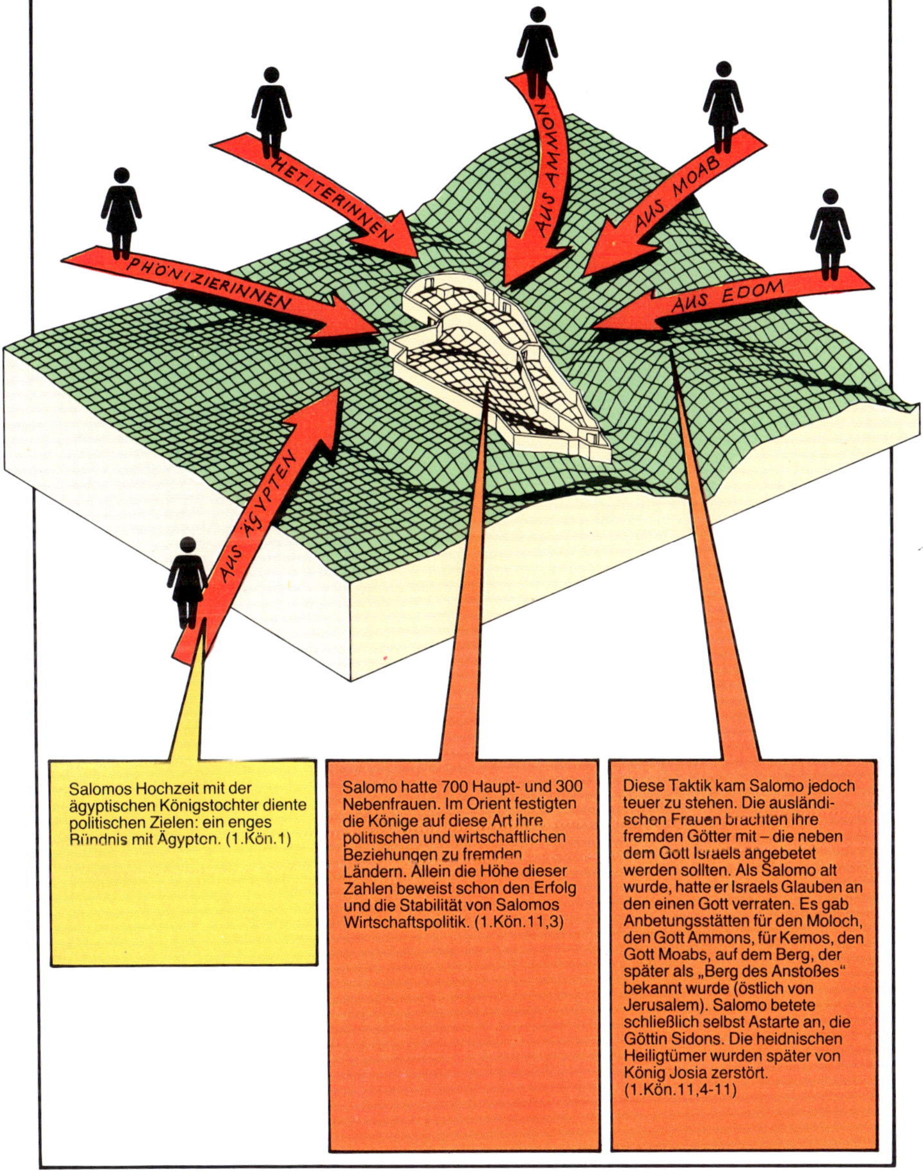

Salomos Hochzeit mit der ägyptischen Königstochter diente politischen Zielen: ein enges Bündnis mit Ägypten. (1.Kön.1)

Salomo hatte 700 Haupt- und 300 Nebenfrauen. Im Orient festigten die Könige auf diese Art ihre politischen und wirtschaftlichen Beziehungen zu fremden Ländern. Allein die Höhe dieser Zahlen beweist schon den Erfolg und die Stabilität von Salomos Wirtschaftspolitik. (1.Kön.11,3)

Diese Taktik kam Salomo jedoch teuer zu stehen. Die ausländischen Frauen brachten ihre fremden Götter mit – die neben dem Gott Israels angebetet werden sollten. Als Salomo alt wurde, hatte er Israels Glauben an den einen Gott verraten. Es gab Anbetungsstätten für den Moloch, den Gott Ammons, für Kemos, den Gott Moabs, auf dem Berg, der später als „Berg des Anstoßes" bekannt wurde (östlich von Jerusalem). Salomo betete schließlich selbst Astarte an, die Göttin Sidons. Die heidnischen Heiligtümer wurden später von König Josia zerstört. (1.Kön.11,4-11)

5
DAS KÖNIGREICH WIRD GETEILT

Schon lange hatte es in Israel Spannungen zwischen den nördlichen und südlichen Stämmen gegeben. Nach dem Tode Salomos (930 v.Chr.) wurden Norden und Süden endgültig getrennt. Das Südreich Juda blieb unter der Herrschaft der Nachkommen Davids, während das Nordreich Israel eine weniger stabile Monarchie bildete mit Attentaten, Intrigen und häufigen Machtwechseln.
Die beiden Reiche bestanden 210 Jahre lang nebeneinander – es gab Kriege zwischen ihnen, aber auch Zeiten in Frieden und Wohlstand. In Israel und Juda warnten immer wieder einzelne Propheten vor dem kommenden Gericht Gottes, weil beide Reiche den Glauben an Gott weitgehend aufgegeben hatten. Für Israel brach das Gericht im Jahre 722 v.Chr. herein. Die Großmacht Assyrien eroberte das Land und verschleppte die Bevölkerung ins Exil. Sie kehrten niemals zurück.

Das Königreich wird geteilt

Zu Kapitel 5 gehören folgende Karten:

- **Die Teilung** (S. 59). Salomos Königreich zerbricht in zwei Teile. Jerobeam wird König im Nordreich Israel, während Salomos Sohn Rehabeam den Süden regiert.
- **Elia muß fliehen** (S. 60). Im Nordreich trachten König Ahab und seine Frau Isebel dem Propheten Elia nach dem Leben. Er muß fliehen.
- **Ahabs Tod** (S. 61). Ahab kommt in der Schlacht um, wie der Prophet Elia es vorausgesagt hatte.
- **Naemans Heilung** (S. 62). Elisa, der Nachfolger des Propheten Elia, heilt den syrischen Befehlshaber vom Aussatz. Dies ist eines von vielen Wundern, die durch Elisa geschehen.
- **Die Belagerung von Samaria** (S. 63). Samaria, die Hauptstadt des Nordreichs, wird von den Syrern belagert. Die Situation in der belagerten Stadt ist katastrophal. Alles deutet schon auf den Untergang hin. Aber Elisa spricht von Sieg...
- **Die Supermächte** (S. 64). Ägypten, Assyrien, Babylonien und Persien sind die Großmächte in alttestamentlicher Zeit.
- **Kampf um die Weltmacht** (S. 65). Seit der Zeit der ersten Könige Israels beanspruchten nacheinander Assyrien, Babylon und Persien diesen Landstrich als ihr Einflußgebiet.
- **Hilfe von Assyrien?** (S. 66). Im Jahre 732 v.Chr. ruft König Ahas törichterweise die Assyrer zu Hilfe, um eine Invasion durch Israel und Syrien abzuwehren.
- **Assyrien beweist seine Stärke** (S. 67). Mit zwei verheerenden Angriffen zerstört Assyrien sowohl Syrien als auch Israel. Dann wird Jerusalem belagert.
- **Das Ende des Reiches Israel** (S. 68). König Hosea von Israel verspielt sein Königreich, indem er sich mit den Ägyptern verbündet, um sich von der Herrschaft der Assyrer zu befreien – und verliert.
- **Die Propheten** (S. 69). Während dieser ganzen Periode und darüber hinaus verkünden die Propheten dem Volk, wie Gott die Ereignisse und ihr Handeln beurteilt.

Die groben Worte Rehobeams führen zur Spaltung des Reiches:
„Mein Vater hat euch mit Peitschen gezüchtigt, ich aber will euch mit Skorpionen züchtigen."

Elias Herausforderung an das Volk auf dem Karmelgebirge:
„Wie lange wollt ihr noch auf beiden Seiten hinken? Wenn der Herr Gott ist, dann folgt ihm nach, ist aber Baal Gott, so haltet euch zu ihm!"

Amos, Prophet in Israel, warnt:
„Suchet den Herrn, so werdet ihr leben. Wenn ihr ihn nicht sucht, so wird er wie Feuer auf das Volk Israel herniederkommen. Das Feuer wird die Leute von Beth-El verbrennen, und ihr werdet nicht in der Lage sein, es auszulöschen. Ihr seid dem Untergang geweiht, ihr, die ihr das Recht verdreht und die Leute ihrer Rechte beraubt!"

Die Teilung

Salomos Königreich zerbricht in zwei Teile.

1 Jerobeam, als Beamter Salomos für die Fronarbeit zuständig, soll nach einem Prophetenwort Führer der zehn Nordstämme werden. (1.Kön.11,31)

2 Jerobeam wird ein Staatsstreich gegen Salomo zur Last gelegt. Er muß nach Ägypten fliehen. (1.Kön.11,29-40)

3 Salomo stirbt. Sein Sohn Rehabeam will sich in Sichem offiziell als König bestätigen lassen. (1.Kön.11,42-12,1)

4 Jerobeam erreicht Sichem und führt eine Delegation der nördlichen Stämme an. (1.Kön.12,1.12-16)

5 Ein Beauftragter Rehabeams wird umgebracht. Rehabeam flieht zurück nach Jerusalem. Eine militärische Unternehmung gegen die nördlichen Stämme wird ihm von Gott verboten. (1.Kön.12,18-24)

6 **Kleine Karte:** Die nördlichen Stämme bilden das Reich Israel (Hauptstadt Samaria), die südlichen das Reich Juda (Hauptstadt Jerusalem).

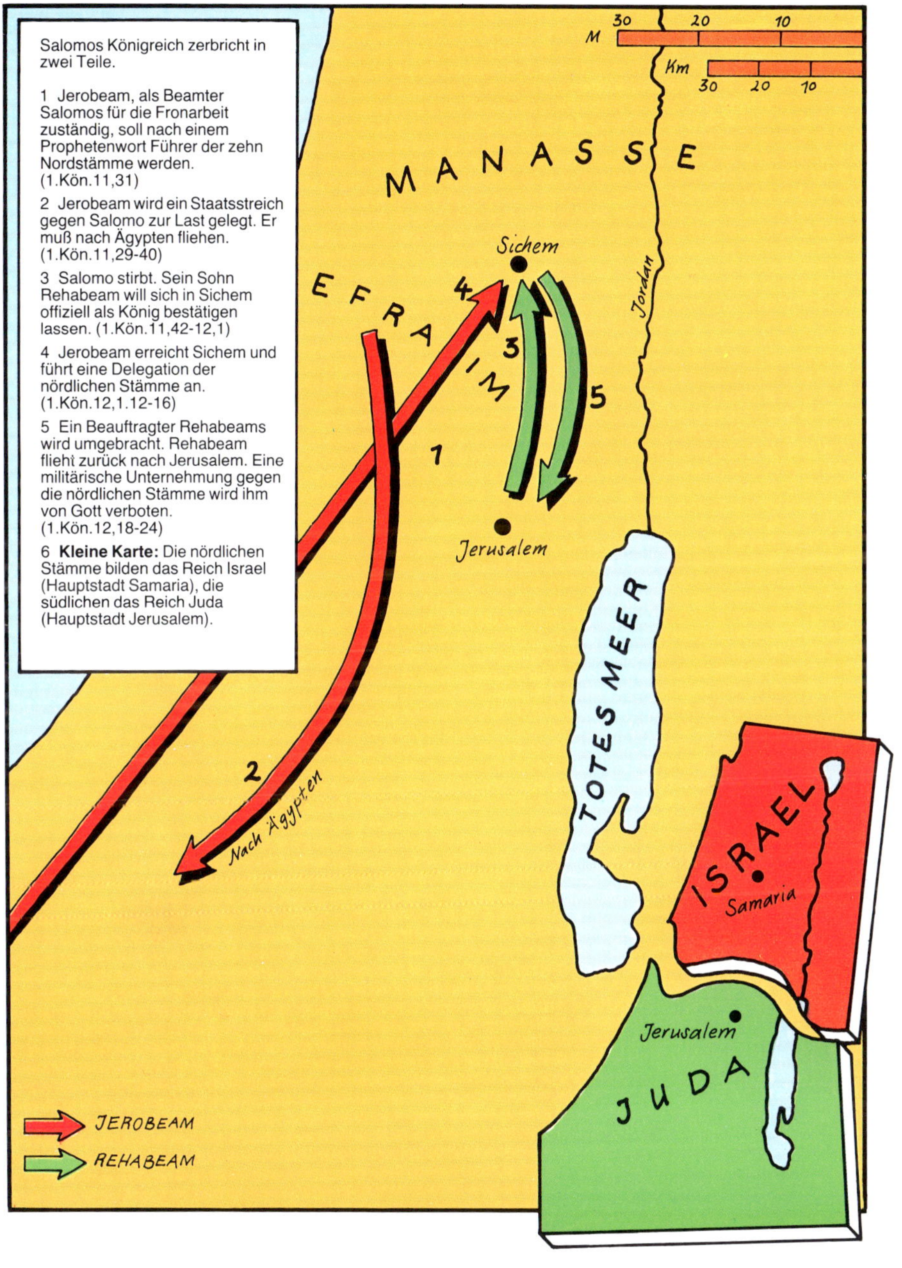

Elia muß fliehen

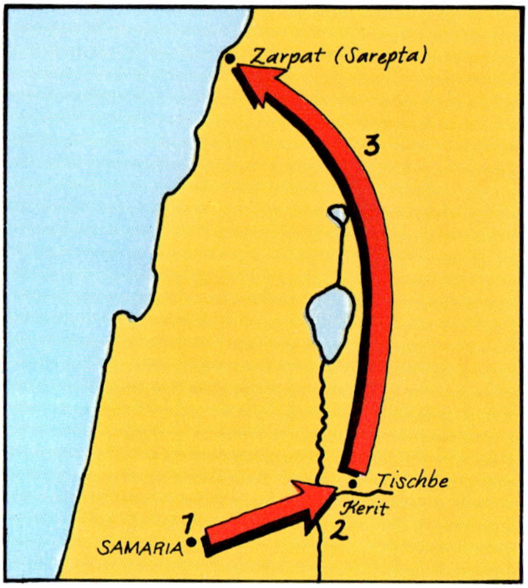

1 Elia kündigt dem König Ahab als Strafgericht eine Dürreperiode an. (1.Kön.17,1)
2 Elia versteckt sich am Bach Krit. (1.Kön.17,2-6)
3 Als der Bach austrocknet, wohnt er in Zarpat bei einer Witwe mit ihrem Sohn. (1.Kön.17,7-24)

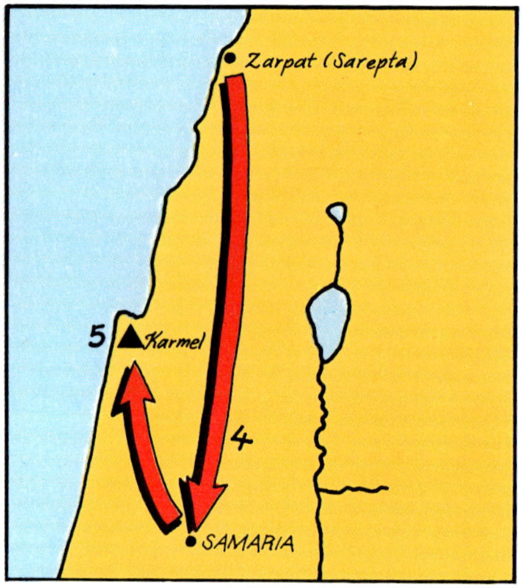

4 Elia fordert Ahab auf, das Volk auf dem Karmelgebirge zusammenzurufen. (1.Kön.18,7-20)
5 Dort beweist Gott, daß er allein Herr ist. 450 Baalspriester werden hingerichtet. (1.Kön.18,21-40)

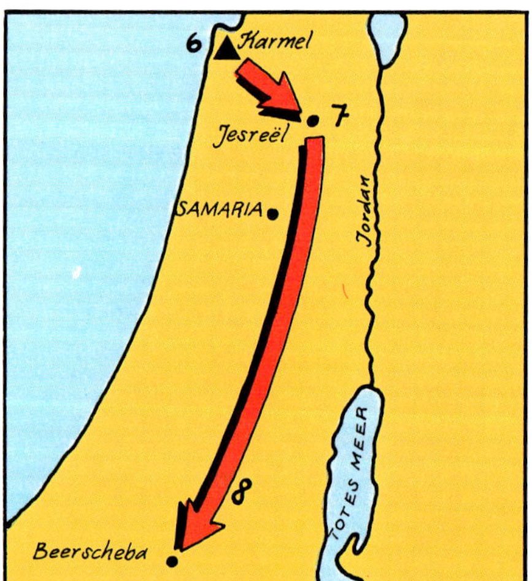

6 Die Dürreperiode endet. Elia kehrt nach Jesreel zurück. (1.Kön.18,41-46)
7 Isebel, die Frau Ahabs, schwört Rache für den Tod ihrer Baalspriester. (1.Kön.19,1-2)
8 Elia flieht erneut. Seinen Diener läßt er bei Beerscheba zurück. (1.Kön.19,3)

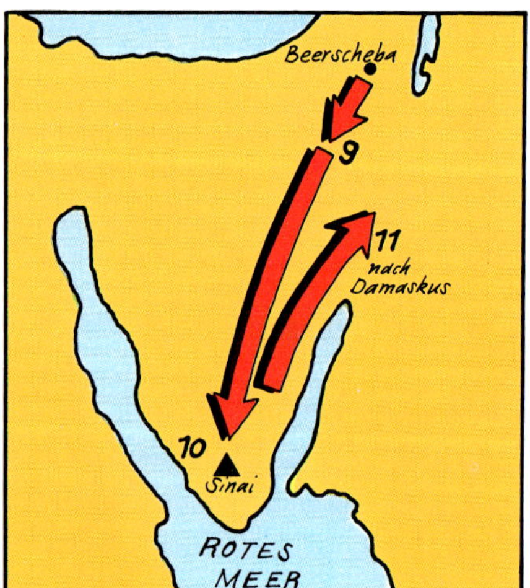

9 Elia flieht in die Wüste. Niedergeschlagen und schwach, wie er ist, wird er von Gott für seine Reise zum Sinai gestärkt. (1.Kön.19,4-10)
10 Am Sinai begegnet ihm Gott. (1.Kön.19,11-14)
11 Elia wird nach Damaskus gesandt, um seinen Nachfolger zu berufen: Elisa. (1.Kön.19,15-21)

Ahabs Tod

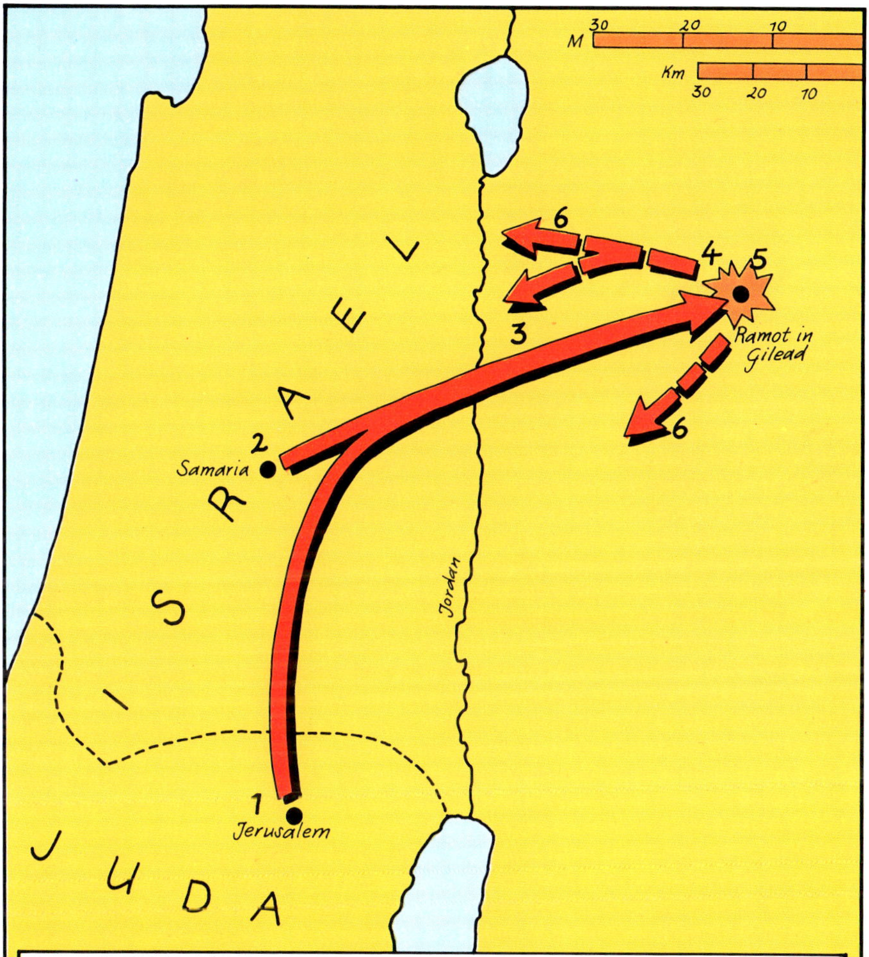

Der syrische König Ben-Hadad hatte zugesagt, das Gebiet von Gilead (Nordreich) an Israel zurückzugeben (1.Kön.20,34), sich aber nicht daran gehalten.

1 Josaphat, der König von Juda, und Ahab, der König von Israel, beschließen, gemeinsam die Syrer bei Ramot in Gilead anzugreifen. (1.Kön.22,1-4)

2 Ahab befragt seine Hofpropheten. Nur Micha prophezeit eine Niederlage. (1.Kön.22,5-17)

3 Verärgert läßt Ahab den Propheten ins Gefängnis werfen und zieht dann mit Josaphat in den Kampf. (1.Kön.22,18-30)

4 Der König von Aram hat vor der Schlacht den Befehl ausgegeben, vor allem Ahab zu töten. (1.Kön.22,31) Durch einen Trick will Ahab der Gefahr vorbeugen, doch ein verirrter Pfeil trifft ihn tödlich. (1.Kön.22,32-34)

5 Ahab zieht sich von der Front zurück, bleibt aber auf dem Kampfplatz.(1.Kön.22,35)

6 Bei Sonnenuntergang stirbt Ahab, der Kampf ist verloren, genau wie Micha es vorhergesagt hatte. (1.Kön.22,35-38)

Naemans Heilung

1 Naeman, Offizier der syrischen Armee, wird von Aussatz befallen. Er hört durch eine israelitische Sklavin von Elisas Heilungsmacht. (2.Kön.5,1-3)

2 Der König von Syrien schickt Naeman nach Samaria. Er kommt zu Elisa. (2.Kön.5,4-9)

3 Elisa empfängt ihn nicht einmal, sondern befiehlt ihm, sich siebenmal im Jordan zu waschen. Naeman fühlt sich verspottet, aber sein Diener überredet ihn, es trotzdem zu probieren. Er wird geheilt. (2.Kön.5,10-14)

4 Naeman kehrt zu Elisa zurück, um ihn zu beschenken. Elisa lehnt ab und schickt ihn heim. (2.Kön.5,15-19)

5 Aber Elisas Knecht Gehasi möchte aus der Sache Gewinn schlagen. Elisa deckt den Betrug auf, und Gehasi wird selbst aussätzig. (2.Kön.5,20-27)

Belagerung von Samaria

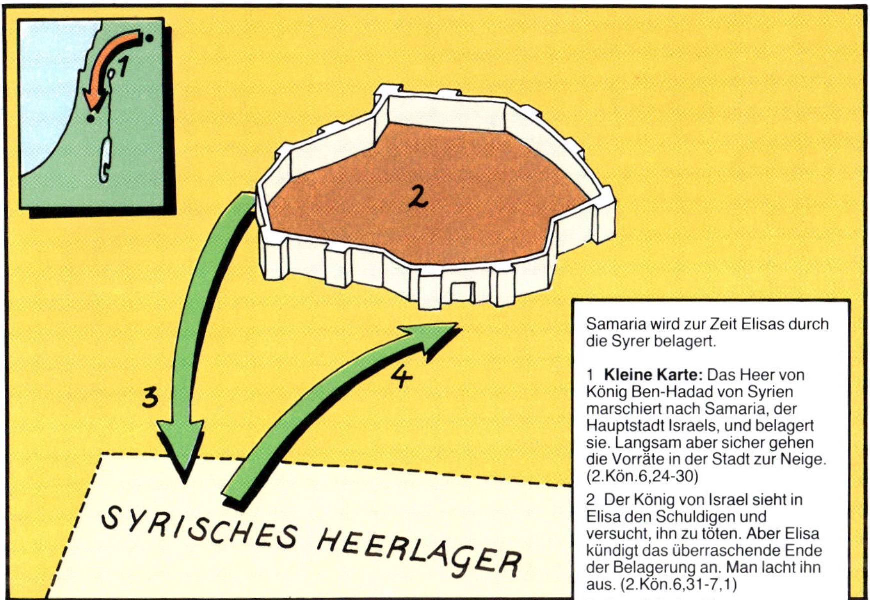

Samaria wird zur Zeit Elisas durch die Syrer belagert.

1 **Kleine Karte:** Das Heer von König Ben-Hadad von Syrien marschiert nach Samaria, der Hauptstadt Israels, und belagert sie. Langsam aber sicher gehen die Vorräte in der Stadt zur Neige. (2.Kön.6,24-30)

2 Der König von Israel sieht in Elisa den Schuldigen und versucht, ihn zu töten. Aber Elisa kündigt das überraschende Ende der Belagerung an. Man lacht ihn aus. (2.Kön.6,31-7,1)

3 Am nächsten Morgen entdecken vier Leprakranke, daß das Lager der Syrer vollständig verlassen ist. (2.Kön.7,3-7)

4 Sie essen sich satt und plündern und informieren dann die Wächter der Stadt. (2.Kön.7,8-11)

5 Der König ist mißtrauisch. Er vermutet eine Kriegslist der Syrer. Ein Aufklärungskommando findet auf dem Weg zum Jordan alle Zeichen einer übereilten Flucht der Feinde. (2.Kön.7,12-15)

6 Die Bewohner von Samaria plündern das verlassene Lager. (2.Kön.7,16)

7 Der Offizier des Königs, der Elisas Worten nicht glauben wollte, wird am Stadttor zu Tode getrampelt. (2.Kön.7,17-20)

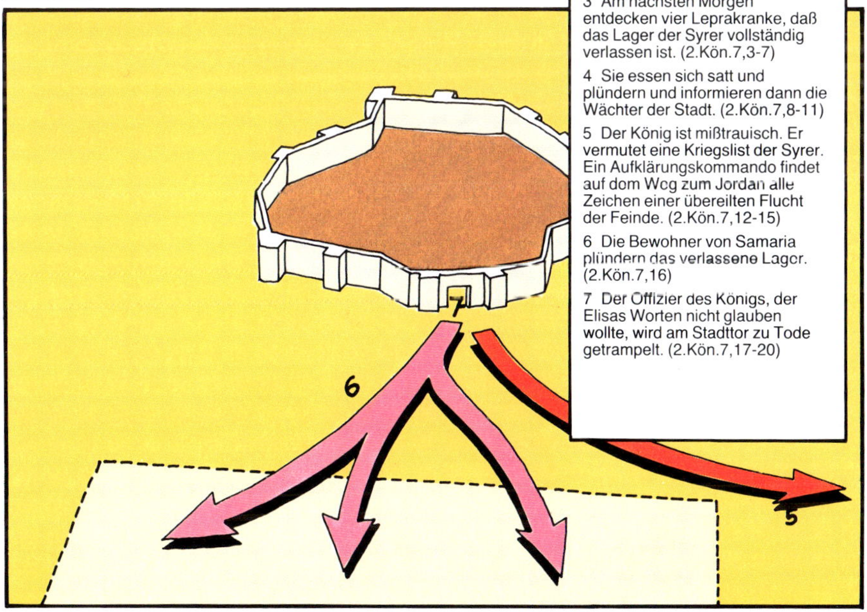

Die Supermächte

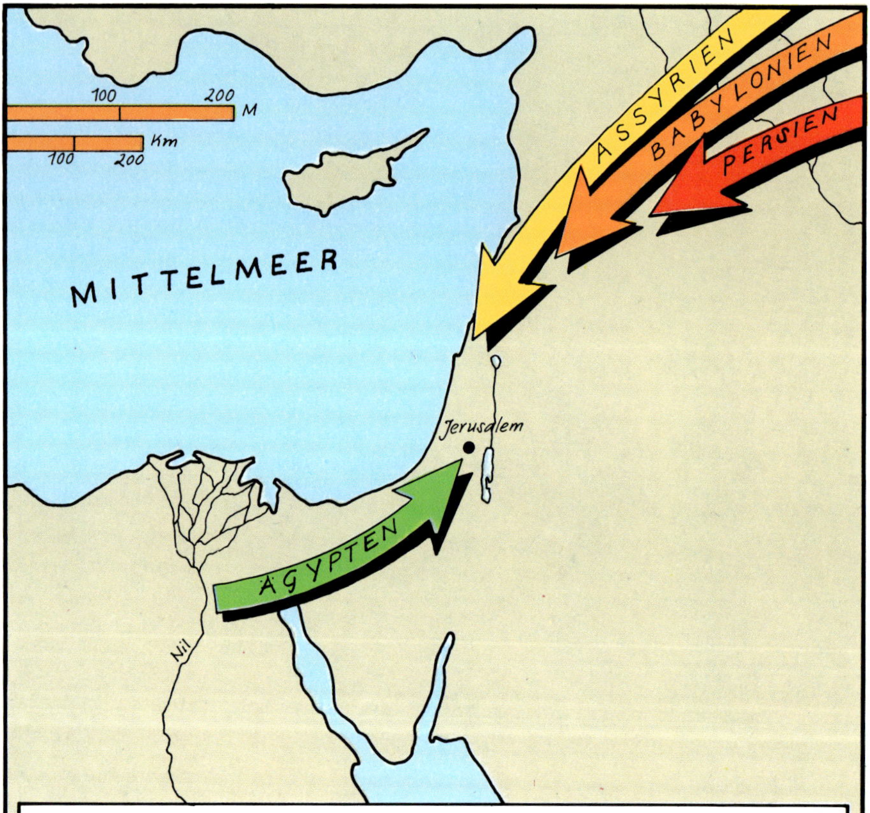

Zur Zeit des Alten Testaments sorgten vier Großmächte immer wieder für Unruhe in Palästina:

Ägypten, die südliche Großmacht. Sein langsamer Niedergang wurde gelegentlich von mächtigen Pharaonen aufgehalten. Juda und Israel waren oft versucht, durch Bündnisse mit Ägypten Schutz vor den Feinden im Norden zu suchen.

Assyrien. Die Assyrer besetzten als erste Großmacht Teile von Palästina. Sie verschleppten das Volk Israel ins Exil und unterwarfen Juda. Ihr Weltreich brach endgültig zusammen, als ihre Hauptstadt Ninive 612 v.Chr. von den Babyloniern erobert wurde.

Babylon. Die Babylonier führten die Eroberungspolitik des assyrischen Reiches fort. Sie verschleppten Juda ins Exil und fielen erfolgreich in Ägypten ein. Aber auch ihre Macht zerfiel. 539 v. Chr. konnte der Perserkönig Cyrus das Imperium einnehmen.

Persien. Die persische Herrschaft war ausgedehnter und toleranter als die der beiden Vorgänger. So durften die Exilanten (darunter auch Juda) aus ihrer Verbannung in die Heimat zurückkehren. Im Jahre 331 v. Chr. wurde das persische Reich von dem griechischen König Alexander dem Großen überrannt.

Die griechische Weltherrschaft war in neutestamentlicher Zeit durch die Römer beendet.

Kampf um die Weltmacht

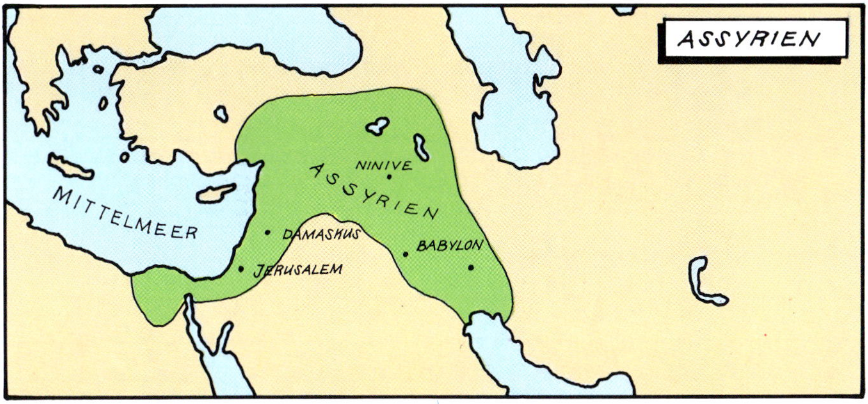

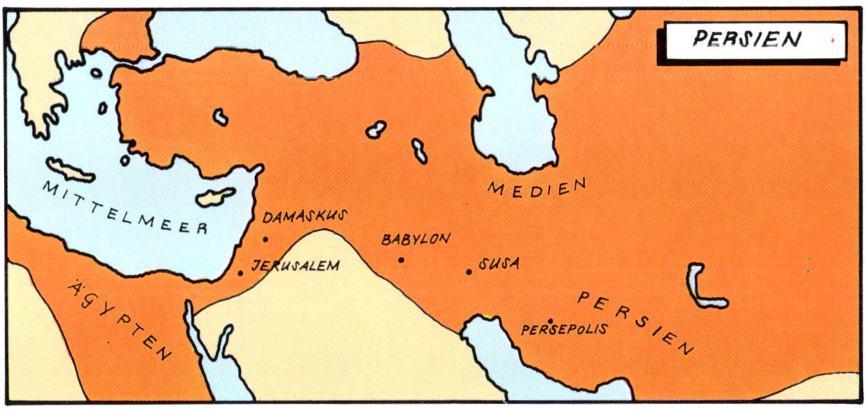

Hilfe von Assyrien?

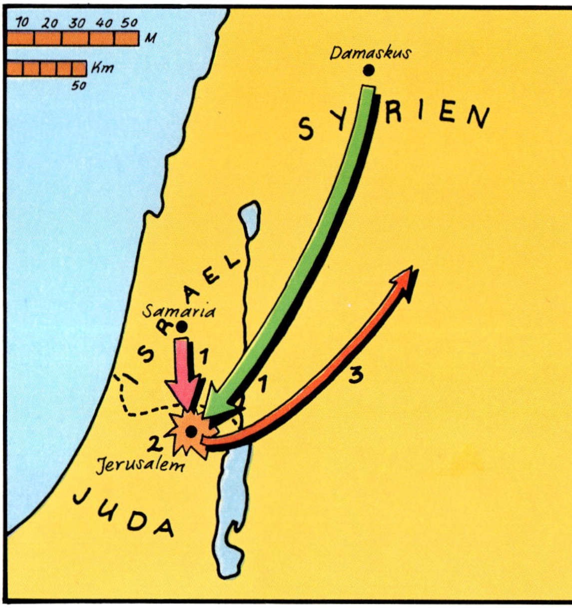

1 Israel und Syrien (Hauptstädte: Samaria und Damaskus) wollen sich mit Juda gegen Assyrien verbünden. Juda lehnt ab. Als Ahas König von Juda wird, belagern Pekach von Israel und Rezin von Syrien gemeinsam Jerusalem. (2.Kön.16,5; Jes.7,1)

2 In Juda ist man entsetzt, als Rezins Heer einmarschiert. Aber der Prophet Jesaja beschwört König Ahas, sich auf Gott zu verlassen. Die Belagerung Jerusalems werde fehlschlagen und die Stadt gerettet. (Jes.7,2-9)

3 Ahas schickt dennoch eine Botschaft an Tiglat Pileser nach Assyrien mit der Bitte um Hilfe. Die Botschafter nehmen aus dem Tempel Silber und Gold als Geschenke mit. (2.Kön.16,7-8)

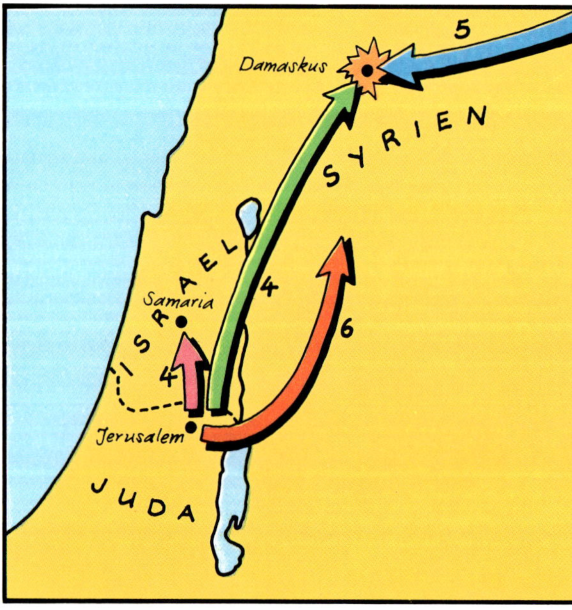

4 Rezin und Pekach gelingt es nicht, Jerusalem einzunehmen. (2.Kön.16,9)

5 Die Assyrer erobern im Gegenzug Damaskus, töten Rezin und schicken seine Männer in die Verbannung. (2.Kön.16,9)

6 Da Ahas die Assyrer zu Hilfe gerufen hat, verliert er die politische und religiöse Unabhängigkeit. Nach Jerusalem zurückgekehrt, baut er einen Altar nach heidnischem Vorbild. (2.Kön.16,10-18)

Assyriens Stärke

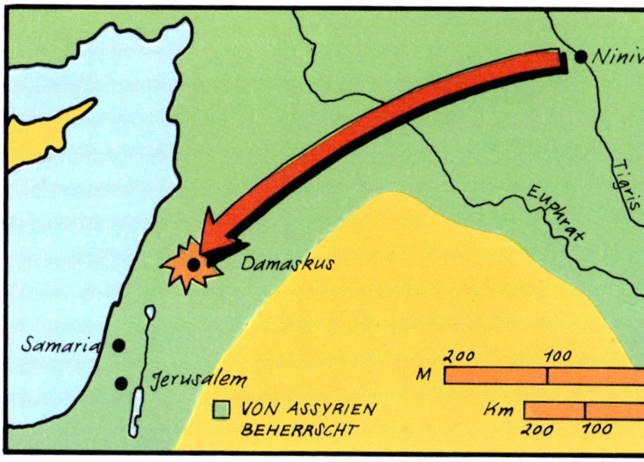

Die Zerstörung von Damaskus. König Pekach von Israel und sein syrischer Verbündeter planen einen Aufstand gegen die assyrische Vorherrschaft. Weil Juda sich nicht beteiligen will, greifen sie Jerusalem an. Tiglat-Pileser III., der assyrische Herrscher, kommt Juda zu Hilfe. Im Jahre 732 v. Chr. zerstört er Damaskus, die Hauptstadt Syriens, und schickt Syrer und Israeliten in die Verbannung (2.Kön.15,27-29;16,1-9)

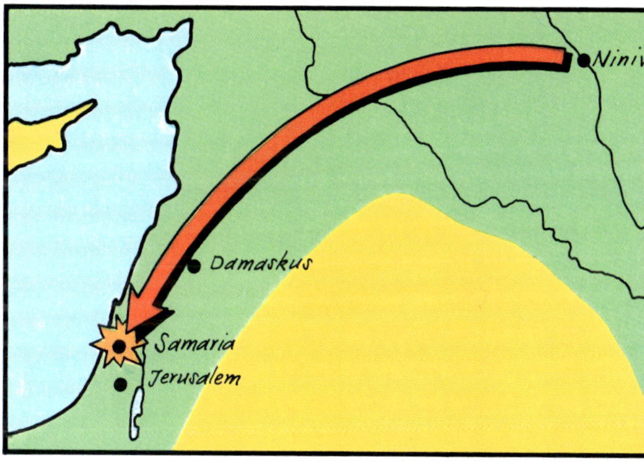

Die Zerstörung Samarias. König Hosea von Israel weigert sich, länger Abgaben an Assyrien zu zahlen. Salmanassar V. belagert daraufhin Samaria, die Hauptstadt Israels. Zwei Jahre später, im Jahre 722 v. Chr., fällt Samaria. Die Bewohner werden deportiert und kehren nie zurück. (2.Kön.17,1-23)

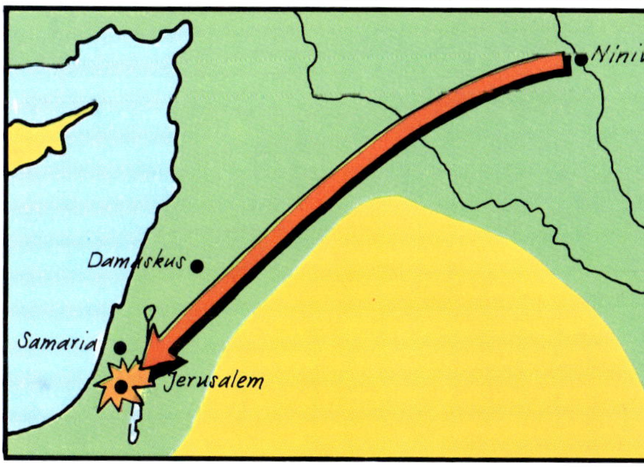

Die Belagerung Jerusalems. König Hiskia von Juda will sich mit Hilfe Ägyptens von der assyrischen Herrschaft befreien. Sanherib bereitet diesem Aufstand ein schnelles Ende. Im Jahre 701 v. Chr. marschiert er in Juda ein und belagert Jerusalem. Die Belagerung schlägt fehl, aber die Macht der Asssyrer in Palästina ist ungebrochen. (2.Kön.18-19; Jes.31,1-3)

Das Ende Israels

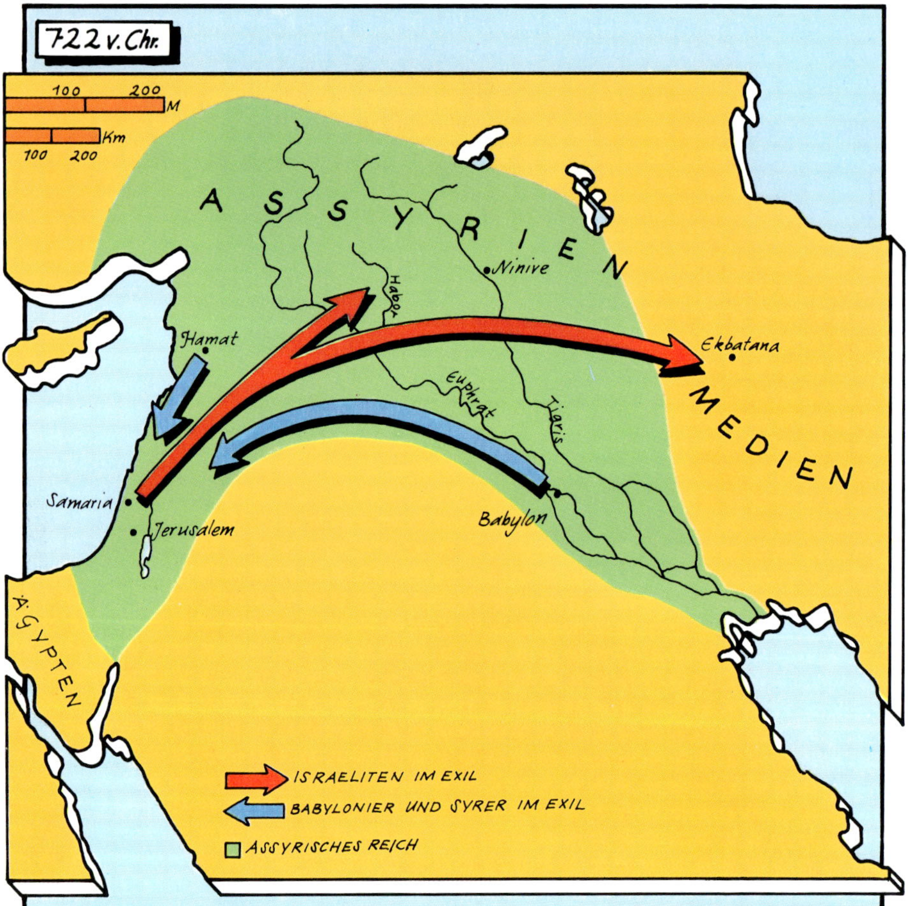

Die Propheten Amos und Hosea hatten Israels Zerstörung prophezeit. Die Menschen hatten ihren Glauben verraten, anderen Göttern gedient und die Armen unterdrückt. Statt auf Gott hatten sie sich auf ihre ausländischen Verbündeten verlassen. Hosea hatte sie gewarnt: „Israel flattert umher wie eine dumme Taube. Erst ruft es die Ägypter um Hilfe, dann rennt es zu den Assyrern. Aber ich werde ein Netz ausbreiten und es fangen wie einen Vogel..."

Und so kam es im Jahre 722 v.Chr. Assyrischen Berichten zufolge wurden 27290 Israeliten ins Gebiet des Flusses Habor nach Medien deportiert – ein über 1200 km weiter Fußmarsch! Israel wurde damit eine Provinz des assyrischen Imperiums. Das Land wurde mit Fremden besiedelt, die gewaltsam aus Babylon und Syrien vertrieben worden waren. Man nannte sie später „Samaritaner". (2.Kön.17)

Die Propheten

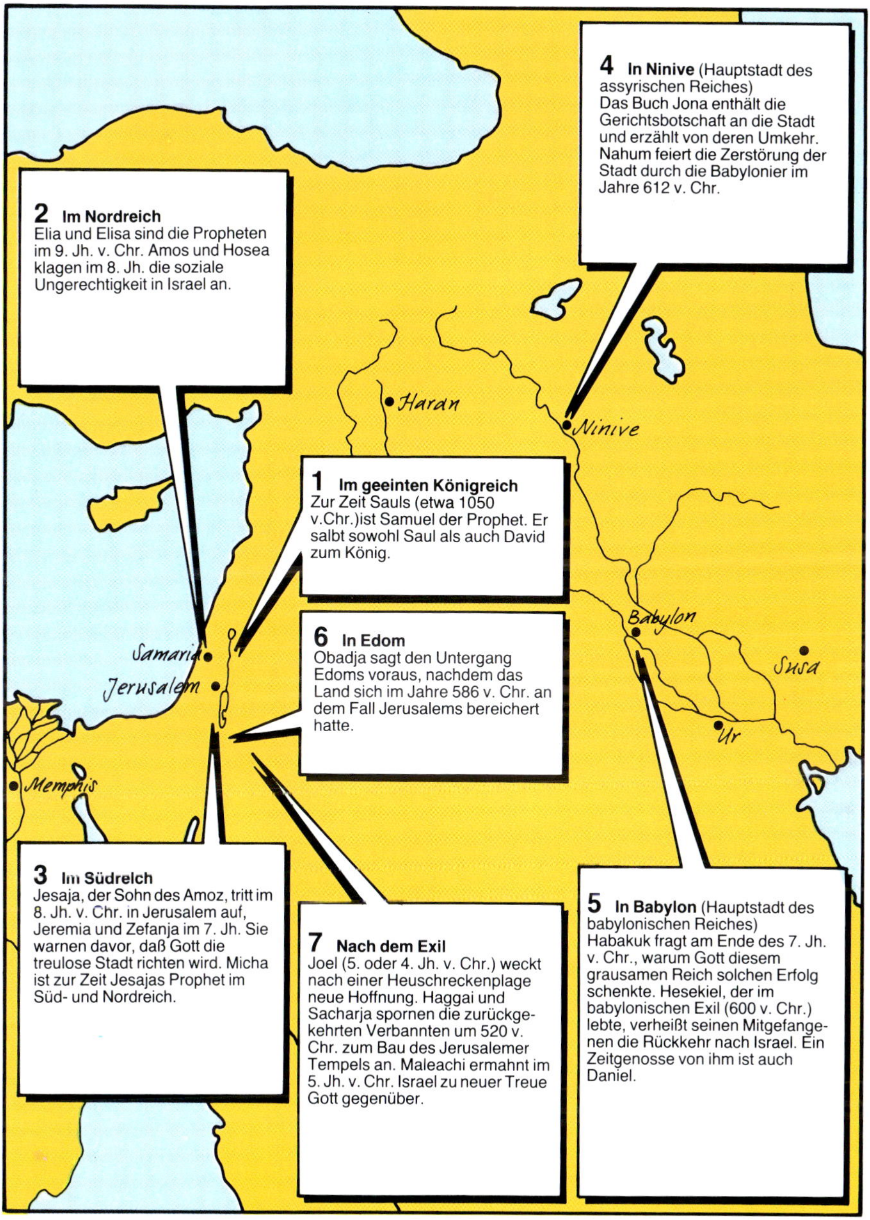

1 Im geeinten Königreich
Zur Zeit Sauls (etwa 1050 v.Chr.)ist Samuel der Prophet. Er salbt sowohl Saul als auch David zum König.

2 Im Nordreich
Elia und Elisa sind die Propheten im 9. Jh. v. Chr. Amos und Hosea klagen im 8. Jh. die soziale Ungerechtigkeit in Israel an.

3 Im Südreich
Jesaja, der Sohn des Amoz, tritt im 8. Jh. v. Chr. in Jerusalem auf, Jeremia und Zefanja im 7. Jh. Sie warnen davor, daß Gott die treulose Stadt richten wird. Micha ist zur Zeit Jesajas Prophet im Süd- und Nordreich.

4 In Ninive (Hauptstadt des assyrischen Reiches)
Das Buch Jona enthält die Gerichtsbotschaft an die Stadt und erzählt von deren Umkehr. Nahum feiert die Zerstörung der Stadt durch die Babylonier im Jahre 612 v. Chr.

5 In Babylon (Hauptstadt des babylonischen Reiches)
Habakuk fragt am Ende des 7. Jh. v. Chr., warum Gott diesem grausamen Reich solchen Erfolg schenkte. Hesekiel, der im babylonischen Exil (600 v. Chr.) lebte, verheißt seinen Mitgefangenen die Rückkehr nach Israel. Ein Zeitgenosse von ihm ist auch Daniel.

6 In Edom
Obadja sagt den Untergang Edoms voraus, nachdem das Land sich im Jahre 586 v. Chr. an dem Fall Jerusalems bereichert hatte.

7 Nach dem Exil
Joel (5. oder 4. Jh. v. Chr.) weckt nach einer Heuschreckenplage neue Hoffnung. Haggai und Sacharja spornen die zurückgekehrten Verbannten um 520 v. Chr. zum Bau des Jerusalemer Tempels an. Maleachi ermahnt im 5. Jh. v. Chr. Israel zu neuer Treue Gott gegenüber.

6
EIN NEUER ANFANG

Aus der Katastrophe, die über das Nordreich Israel hereingebrochen war, lernten die Könige von Juda nichts. In einer Bündnispolitik suchten sie Sicherheit, und genau wie Israel waren sie dem Gesetz Gottes nicht länger treu. Propheten wie Jesaja, Sohn des Amoz, und Jeremia warnten, daß der Verfall der Gesellschaft im Chaos enden würde. Umsonst. Jerusalem wurde nach einigen überstandenen Belagerungen zerstört und die führende Schicht der Bürger nach Babylon in die Gefangenschaft verschleppt. Es schien, als sei damit alle Hoffnung erloschen, als habe Gott sein Volk verlassen. Aber fünfzig Jahre später erreichte die erste Gruppe von Heimkehrern Jerusalem. Das persische Reich hatte das babylonische erobert und ermöglichte den Juden die Rückkehr.

Ein neuer Anfang

Zu Kapitel 6 gehören folgende Karten:

- **Wie ein Vogel im Käfig** (S. 73). König Hiskia versucht törichterweise, die Unabhängigkeit von Assyrien zu erlangen. Seine Verbündeten werden schnell besiegt, und Jerusalem wird von König Sanherib belagert. (701 v. Chr.)
- **Josia beseitigt die fremden Götter** (S. 74). Josia versucht, den Niedergang Judas aufzuhalten und geht entschieden gegen den Götzendienst vor.
- **Josias Tod** (S. 75). Josia stirbt in der Schlacht gegen Pharao Necho von Ägypten. (609 v. Chr.)
- **Unter Belagerung** (S. 76). Das Buch des Propheten Jeremia berichtet anschaulich von der Belagerung Jerusalems durch Nebukadnezar. (587 v. Chr.)
- **Die Zerstörung Jerusalems** (S. 77). Achtzehn Monate später ist Jerusalem am Ende. Die Judäer werden ins babylonische Exil verschleppt.
- **Die Entführung nach Ägypten** (S. 78). Jeremia erhält von den Babyloniern die Erlaubnis, sich frei in Juda aufzuhalten. Aber er wird von seinen eigenen Landsleuten entführt und nach Ägypten verschleppt.
- **Persönlichkeiten der Exilzeit** (S. 79). Die Jahre der Verbannung Judas verlangen von seinen Führern außergewöhnlichen Mut und Glauben.
- **Die Rückkehr** (S. 80). Wie von den Propheten Jesaja und Hesekiel vorhergesagt, geht die Zeit des Exils zu Ende. Vier voneinander getrennte Gruppen kehren in ihre Heimat zurück.
- **Wiederaufbau des Tempels** (S. 81). Der Tempel in Jerusalem wird wiederaufgebaut.
- **Mit Schwert und Maurerkelle** (S. 82). Unter Nehemia erfolgt der notdürftige Wiederaufbau der Stadt Jerusalem unter sehr schwierigen Bedingungen.

Jesaja, Sohn des Amoz:
„So spricht der Herr: ‚Assyrien! Ich brauche Assyrien wie einen Knüppel, um die zu züchtigen, auf die ich zornig bin.'“

Jeremia weissagt die Rückkehr aus dem Exil:
„So spricht der Herr: ‚Ich werde mein Volk wieder in ihr Land bringen und mit jeder Familie Erbarmen haben. Jerusalem wird wiederaufgebaut und der Tempel wiederhergestellt werden. Seine Menschen werden singen und loben, sie werden vor Freude jubeln.'“

Ein unbekannter Verbannter (Psalm 137):
„Wir saßen an den Flüssen Babylons und weinten, wenn wir an Zion dachten.“

Psalm 126:
„Als der Herr uns nach Jerusalem zurückbrachte, da waren wir wie die Träumenden, wir lachten und wir sangen vor Freude.“

Haggai spricht in Gottes Auftrag zu den nach Jerusalem Zurückgekehrten:
„Mein Volk, solltest du in getäfelten Häusern wohnen, während mein Tempel in Schutt und Asche liegt?“

Wie ein Vogel im Käfig

Jerusalem wird zur Zeit Hiskias vom assyrischen König Sanherib belagert.

1 Sanherib marschiert in Palästina ein, um einen Aufstand niederzuschlagen. (2.Kön.18,13-16)

2 Auf seinem weiteren Weg nach Süden nimmt er mehrere Küstenstädte ein und besiegt die Ägypter bei Elteke.

3 Assyrischen Berichten zufolge belagert gleichzeitig ein assyrisches Heer Jerusalem. Sanherib brüstet sich in seinen eigenen Aufzeichnungen: „Ihn selbst (Hiskia) schloß ich in Jerusalem ein wie einen Vogel im Käfig."

4 Sanherib belagert Lachisch nach heftigem Kampf, die befestigte Stadt wird in Schutt und Asche gelegt.

5 Hiskia läßt Gold und Silber an Sanherib schicken, weil er hofft, dessen Zorn dadurch besänftigen zu können. Stattdessen verstärkt Sanherib die Belagerung Jerusalems. (2.Kön.18,14-16) Aber der Prophet Jesaja ermutigt Hiskia, weiterhin fest auf Gott zu vertrauen. (2.Kön.18,28-19,7)

6 Sanherib greift Libna an. (2.Kön.19,8)

7 Plötzlich – durch Gottes Eingreifen – wird die Belagerung von Jerusalem abgebrochen, und Sanherib kehrt nach Assyrien zurück. (2.Kön.19,35-37)

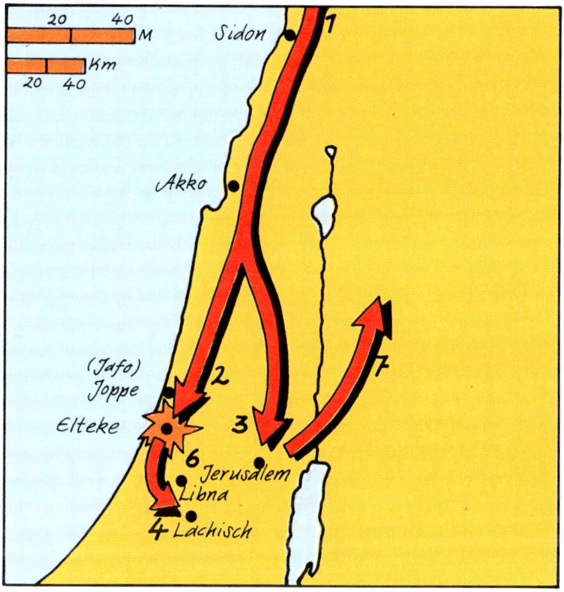

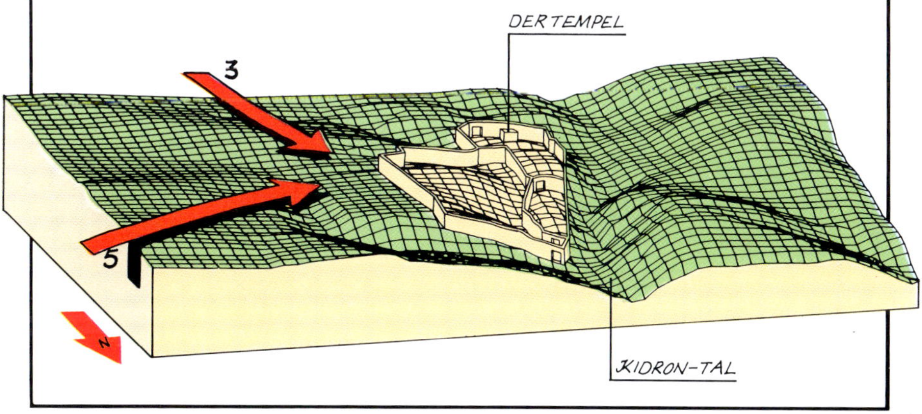

Josias Eifer für Gott

Josia war einer der wenigen Könige in Juda, der nach Gottes Willen fragte. Bei Reparaturarbeiten am Tempel wurde das Gesetzesbuch wiederentdeckt, das lange in Vergessenheit geraten war. Entsetzt darüber, wie hart Gott den Götzendienst verdammt, begann Josia eine Säuberungsaktion. (2.Kön.22)

1 Er entfernt alle Gegenstände aus dem Tempel, die für den Baals- und Ascheradienst gebraucht wurden, und verbrennt sie im Kidrontal. (2.Kön.23,1-4)

2 Er zerstört die Wohnbezirke der Tempeldirnen (2.Kön.23,5-7)

3 Er reißt die Altäre der „Feldgeister" vor einem der Stadttore nieder. (2.Kön.23,8)

4 Er entweiht den Altar des Moloch im Hinnomtal, auf dem Kinder geopfert wurden. (2.Kön.23,10)

5 Er entfernt Heiligtümer, die am Hofe zur Verehrung der Sonne benutzt wurden. (2.Kön.23,11)

6 Er zerstört heidnische Altäre, die nach und nach im Tempel und im Palast aufgestellt worden waren. (2.Kön.23,12)

7 Er zerstört die Altäre, die Salomo südlich des Ölbergs der Astarte, dem Kemosch und dem Moloch hatte bauen lassen. Josia enthebt auch die Priester der falschen Götter ihres Amtes und läßt viele hinrichten. Er zerstört heidnische Altäre in Beth-El und in ganz Juda und Israel. (2.Kön.23,13-20)

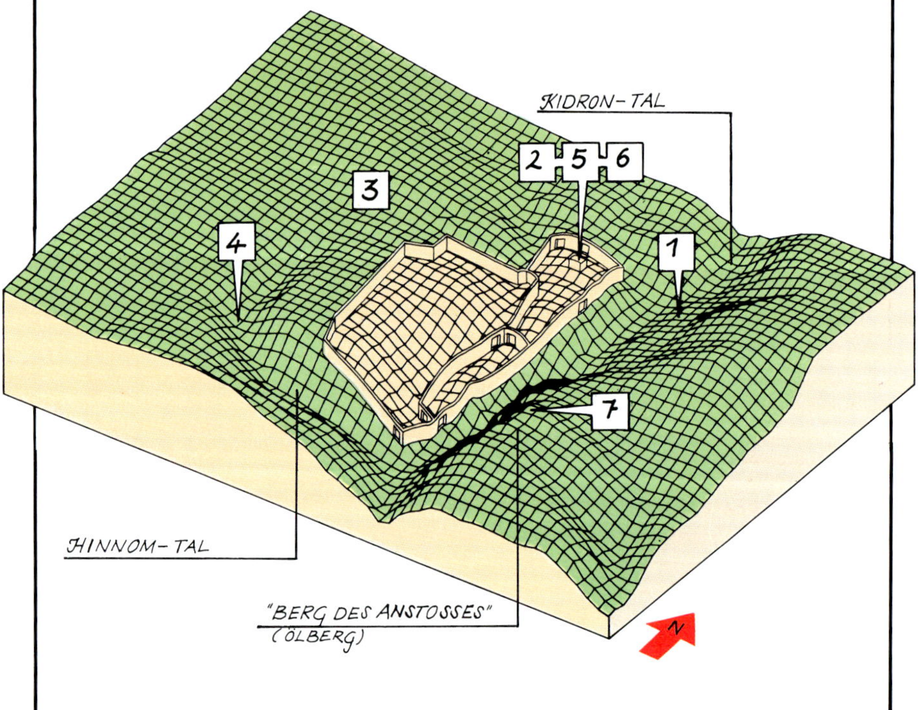

Josias Tod

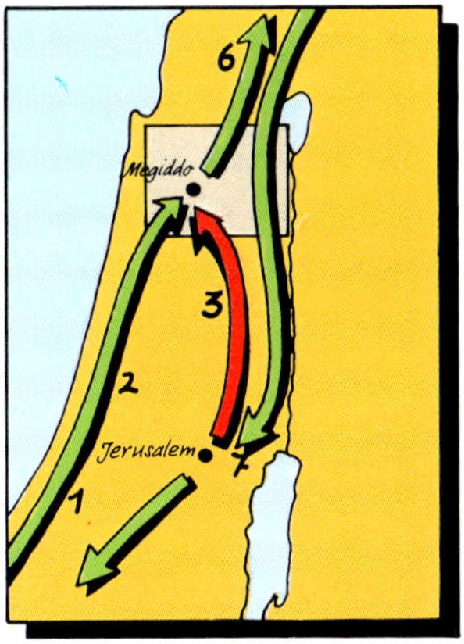

1 Im Jahre 609 v. Chr. sind die Assyrer keine bedeutende Großmacht mehr, während das babylonische Reich immer stärker wird. Ägyptische Truppen marschieren nach Norden, um die Assyrer im Kampf gegen Babylon zu unterstützen. (2.Chron.35,20)

2 Pharao Necho verlangt von König Josia von Juda, neutral zu bleiben. (2.Chron.35,21)

3 Josia stellt sich ihm dennoch in der Megiddo-Ebene entgegen. (2.Chron.35,22)

4 Die offene Schlacht ist ein gewagtes Unternehmen. Vielleicht hätte Josia die Ägypter besser im unwegsamen Bergland angreifen sollen.

5 Josia zieht – als König nicht zu erkennen – mit seinem Kampfwagen in die Schlacht. Er wird jedoch von ägyptischen Pfeilen verwundet und stirbt wenig später. Die Schlacht ist verloren. (2.Chron.35,23-25)

6 Necho setzt seinen Weg nach Norden fort. Aber er kommt zu spät: Die Assyrer werden nahe der syrischen Stadt Karchemis besiegt; ihre Macht ist endgültig gebrochen.

7 Necho kehrt nach Ägypten zurück. Er setzt König Joahas, Josias Sohn ab und ernennt Eljakim (Jojakin) zum neuen König. (2.Kön. 24,7; 2.Chron.36, 1-4)

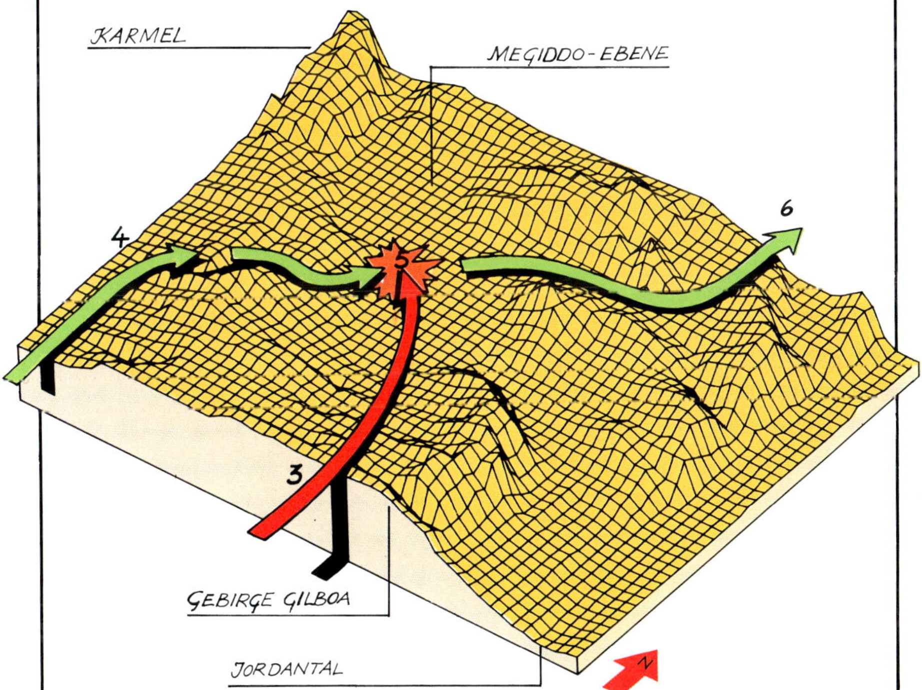

Unter Belagerung

Jerusalem war im Jahre 597 v.Chr. von Nebukadnezar, dem König von Babylon, unterworfen worden. Er setzte Zedekia als König ein; dieser hoffte jedoch, die babylonische Vorherrschaft abschütteln zu können.

1 Fremde Botschafter kommen zu Zedekia, um mit ihm eine Verschwörung gegen Babylon zu planen. Der Prophet Jeremia trägt symbolhaft ein hölzernes Joch und ermahnt sie eindringlich, unter Babylons Gewalt zu bleiben und damit der völligen Zerstörung zu entgehen. (Jer.27)

2 Ein falscher Prophet, Hananja, widerspricht Jeremia. (Jer.28)

3 Nebukadnezar hört von Zedekias Aufstand. Er belagert Jerusalem. (2.Kön.25,1-2)

4 Eine ägyptische Armee kommt Jerusalem zu Hilfe. Die Belagerung wird vorübergehend aufgehoben. (Jer.37,1-11)

5 Jeremia will die Stadt wegen einer Familienangelegenheit verlassen. Er wird des Hochverrats bezichtigt. (Jer.37,12-21) Als die Belagerung andauert, gehen die Lebensmittelvorräte in der Stadt zur Neige.

6 Jeremia wird am königlichen Hofe gefangengehalten. Die Militärs möchten ihn am liebsten ganz beseitigen. (Jer.38,1-13)

7 Als Gefangener am Königshof kauft Jeremia ein Stück Land. Ein Zeichen der Hoffnung. (Jer.32,1-15)

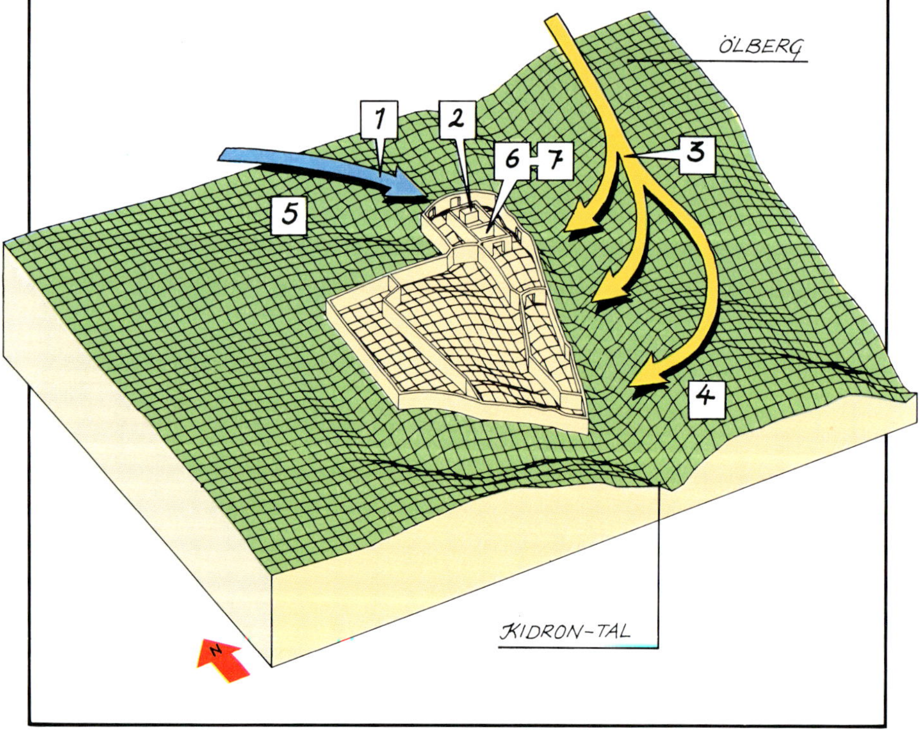

Zerstörung Jerusalems

1 Nach 18 Monaten Belagerung durchbrechen die Babylonier im Jahre 586 v.Chr. die Stadtmauern Jerusalems. (Jer.39,1-3)

2 In der Nacht flieht Zedekia mit seinen Kriegsleuten aus der Stadt. Man nimmt sie gefangen. Zedekias Söhne werden getötet, er selbst wird geblendet und dann ins Exil verschleppt. (Jer.39,4-7)

3 Der Befehlshaber der babylonischen Armee erreicht Jerusalem. Er brennt den Tempel, den Königspalast und wichtige Gebäude der Stadt nieder. Auch die Mauern werden eingerissen. (Jer.39,8)

4 Die Bewohner von Jerusalem werden in die Verbannung geschickt, nur die ärmsten Bauern bleiben dort. (Jer.39,9-10)

5 Der Befehlshaber nimmt auch die restlichen Tempelgeräte und Wertgegenstände mit. (2.Kön.25,8-17)

6 Jeremia wird auf Befehl von Nebukadnezar freigelassen. Jeremia findet bei Gedalja Unterkunft, dem neuen babyloni-schen Gouverneur von Juda. (Jer.40,1-6)

Die aufrührerische Stadt wird von dem Gericht getroffen, das die Propheten vorausgesagt haben. Mit der Zerstörung bestraft Gott die Untreue seines Volkes.

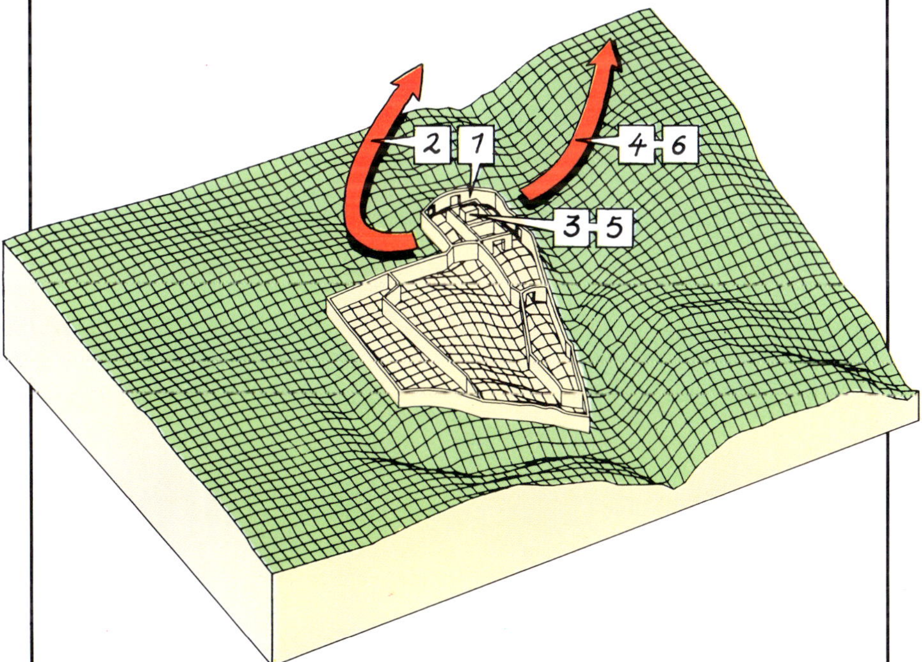

Entführung nach Ägypten

Der Prophet Jeremia wird gewaltsam nach Ägypten gebracht.

1 Gedalja ist Gouverneur von Juda geworden. (Jer.40,5-10)

2 Verstreut lebende Judäer aus Ammon, Moab und Edom kehren nach Juda zurück und helfen bei der ersten Ernte nach der babylonischen Invasion. (Jer.40,11-12)

3 Jismael, ein Glied der alten Königsfamilie, ermordet mit einigen Helfershelfern Gedalja, der ihnen als Werkzeug Babylons erscheint. Weitere Morde folgen. (Jer.41)

4 Eine große Menschenmenge fürchtet nun die Rache der Babylonier und macht sich auf nach Ägypten. Bei Bethlehem entführen sie Jeremia und zwingen ihn, mitzukommen.

5 Die Gruppe reist bis Tachpanches in Ägypten. (Jer.42-43)

6 Achtzehn Jahre später nimmt Nebukadnezar, wie Jeremia prophezeite, Ägypten ein. (Jer.46,25-26) Jeremia selbst stirbt wahrscheinlich in Ägypten.

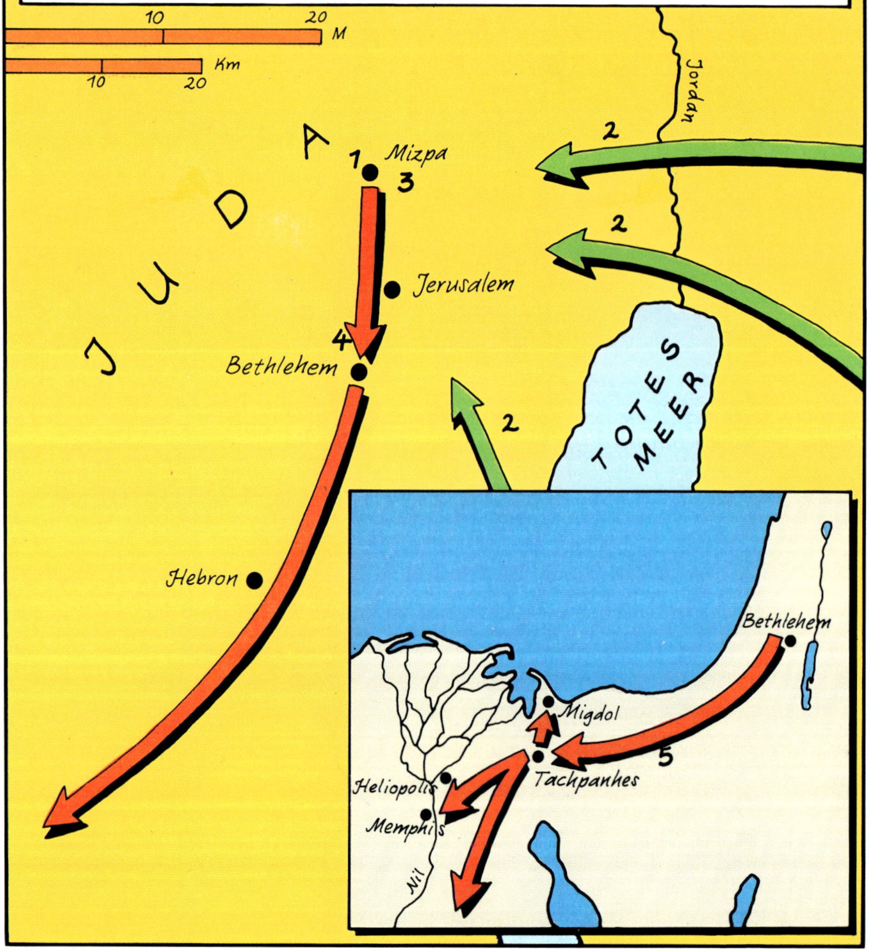

Personen der Exilzeit

Jojachin
war etwa 18 Jahre alt, als er nach dreimonatiger Regierungszeit aus Jerusalem in die Verbannung geschickt wurde. Er stand unter Hausarrest, bis ihm 37 Jahre später ein Ehrenplatz am königlichen Hof gewährt wurde. Er starb wohl noch in der Verbannung. (2.Kön.24,1-15; 25,27-30)

Daniel
wurde in Babylon zum Dienst am königlichen Hof ausgewählt. Er brachte es bis zum obersten königlichen Ratgeber, später war er hoher Beamter des Reiches. Er blieb dabei seinem Glauben treu.

Hesekiel
Er sagte voraus, daß Jerusalem zerstört würde, und später, daß die Verbannten zurückkehren und den Tempel wiederaufbauen würden. Er starb wahrscheinlich noch im Exil.

Esther und Mardochai
Esther wurde als Jüdin die Frau des persischen Herrschers Xerxes. Mit ihrem Cousin Mardochai verhinderte sie eine Judenverfolgung im Persischen Reich. Mardochai gewann bald danach großen Einfluß am Hof des Xerxes.

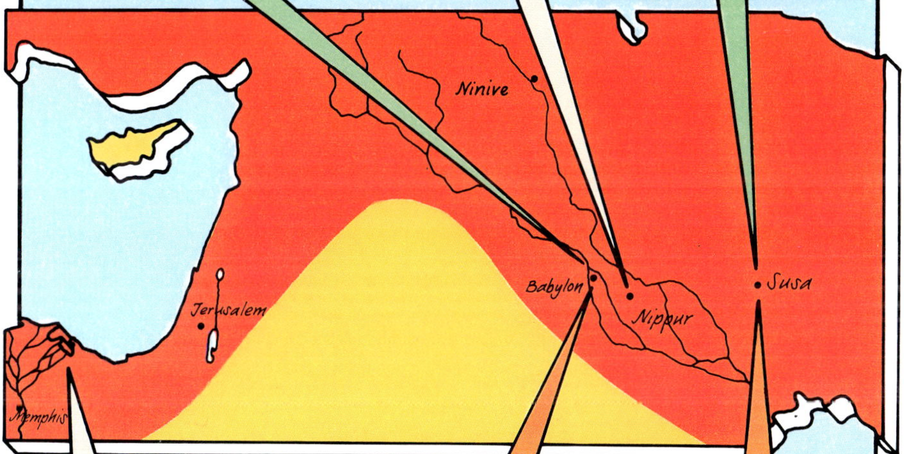

Jeremia
kam direkt zu Beginn der Exilzeit nach Ägypten. Er warnte sein Volk viele Jahre lang erfolglos vor der drohenden Katastrophe.

Esra
Ein hoher Beamter im Persischen Reich – „Minister für jüdische Angelegenheiten". Artaxerxes I. schickte ihn nach Jerusalem, um dort eine Reform im Sinne des jüdischen Gesetzes einzuleiten. Er führte die vierte Gruppe der Verbannten zurück. (Esra 7)

Nehemia
Mundschenk des Artaxerxes I. Wurde von ihm im Jahre 445 v.Chr. nach Jerusalem gesandt, um die Stadtmauern wiederaufzubauen. Er führte die dritte Gruppe der Heimkehrer an. (Neh.1-2)

Gewöhnliche Leute
Viele Juden kamen in der Verbannung zu Wohlstand. (Esra 2,68-69) Sie blieben jedoch in Gettos zusammen. Trotz ihres Reichtums waren sie verzweifelt über den Verlust ihres Landes und ihres Erbes. Psalm 137 schildert ihre Gefühle.

- ☐ ZU BEGINN DES EXILS
- ☐ WÄHREND DES EXILS
- ☐ GEGEN ENDE DES EXILS

Die Rückkehr

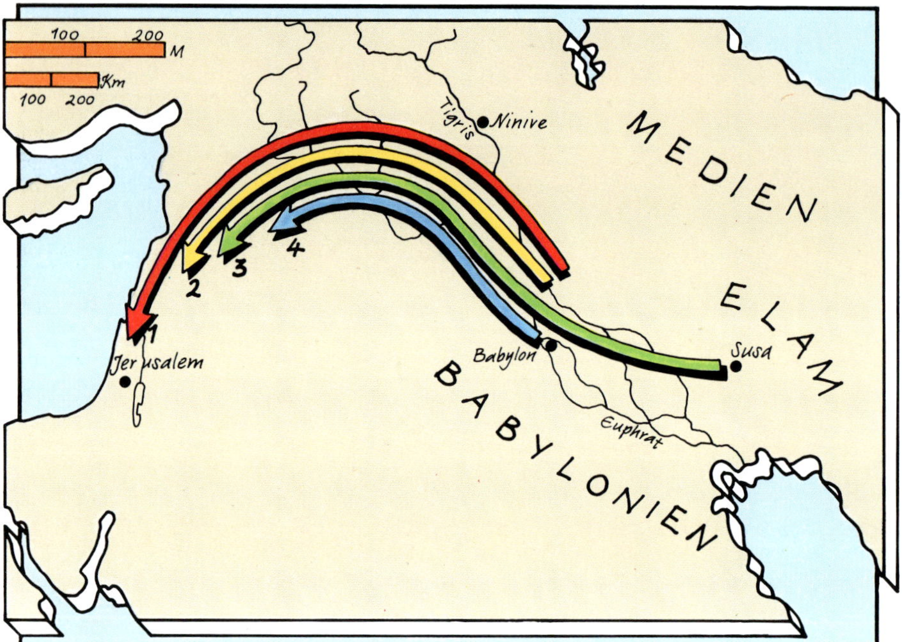

Im Jahre 539 v.Chr. wurde das Babylonische Reich vom Perserkönig Cyrus eingenommen. Er forderte alle Verbannten auf, in ihre Heimat zurückzukehren und dort ihren eigenen Göttern zu dienen.

1 Scheschbazar wird im Jahre 537 v.Chr. Gouverneur von Juda. Er bekommt den Tempelschatz ausgehändigt, den Nebukadnezar geraubt hatte, und kehrt mit einer Gruppe Judäer in die Heimat zurück. (Esra 1)
2 Serubbabel (ein Enkel König Jojakims) **und Josua**, ein Priester, führen 525 v.Chr. eine weitere Gruppe zurück.
3 Nehemia, der Mundschenk am persischen Königshof Artaxerxes I., wird 445 v.Chr. nach Jerusalem geschickt, um die Stadtmauern wiederaufzubauen. (Neh.1-2)
4 Esra, ein Schriftgelehrter und jüdischer Priester, will das gottesdienstliche Leben in Jerusalem wieder neu beleben. Er führt im Jahr 428 v.Chr. eine Gruppe Gefangener zurück. (Esra 7,1-10)

Kleine Karte
1 Priester, Leviten und andere lassen sich in oder bei Jerusalem nieder.
2 Musiker, Tempelwächter und Handwerker besiedeln die nähere Umgebung.
3 Die restlichen Zurückgekehrten wohnen in den Städten ihrer Vorfahren.

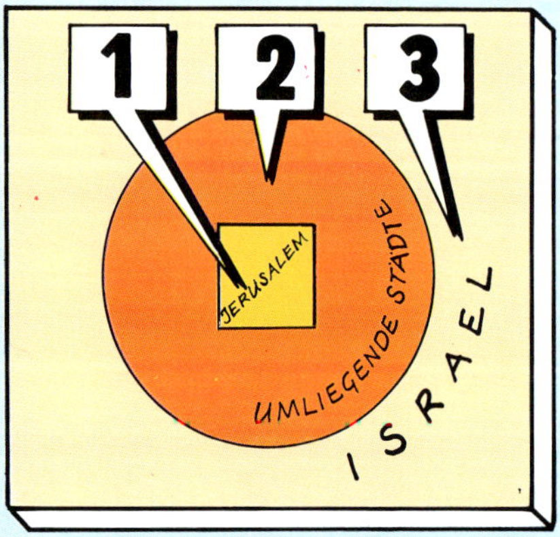

Wiederaufbau d. Tempels

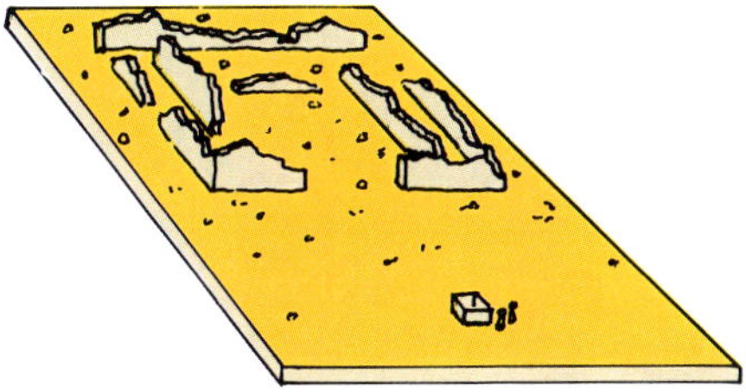

1 Esra 3,1-6. 50 Jahre nach seiner Zerstörung bauen die zurückgekehrten Juden den Altar an seiner alten Stelle wieder auf.

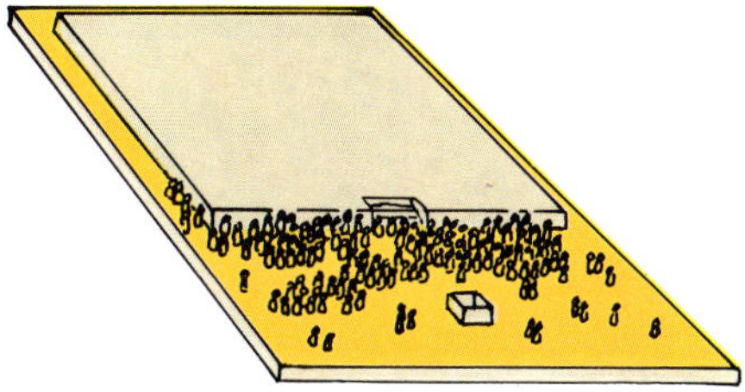

2 Esra 3,7-13. Das Gelände wird gesäubert und die Fundamente für den neuen Tempel gelegt. Die Menschen singen und jubeln laut. Manche von ihnen kennen noch den alten Tempel.

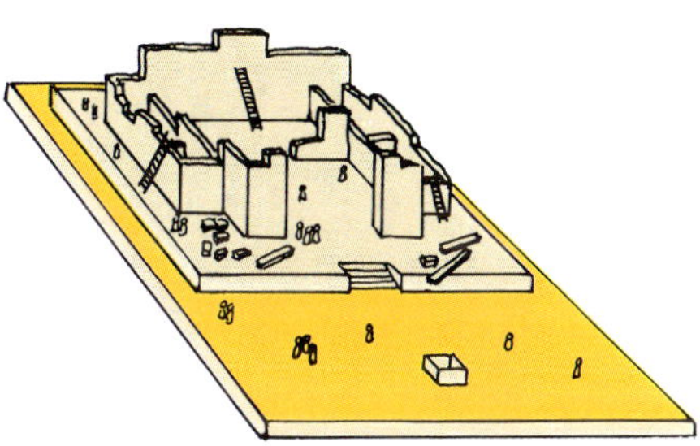

3 Esra 4,1-5. Die Arbeit geht zwar weiter, aber es kommt zu Schwierigkeiten mit den Samaritanern.

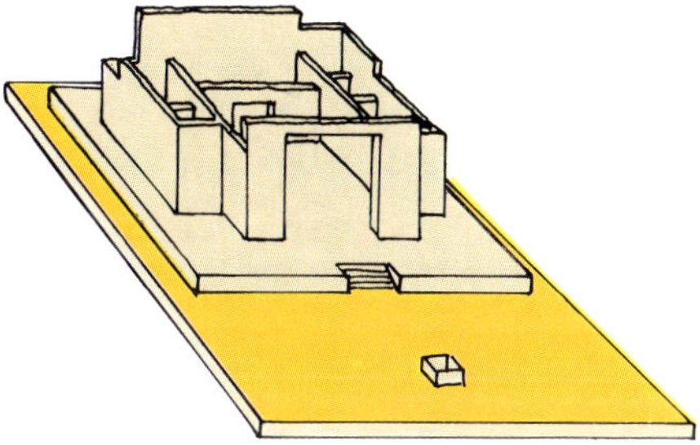

4 Esra 4,24. Die Arbeit am Tempel kommt für 16 Jahre zum Erliegen – z.T. infolge äußerer Widerstände, aber auch durch die eigene Gleichgültigkeit. (Haggai 1,2-8)

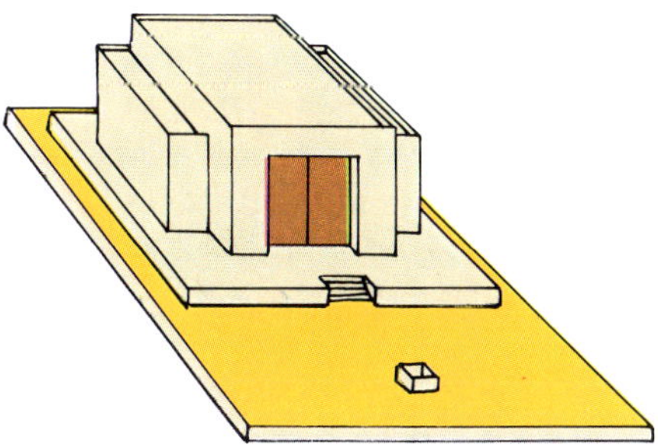

5 Esra 5,1-6,15. Unter dem Ansporn der Propheten Haggai und Sacharja wird der Bau fortgesetzt. Benachbarte Gouverneure protestieren zwar, aber Darius befiehlt den Weiterbau. Endlich, nach vier Jahren, ist der Tempel fertig!

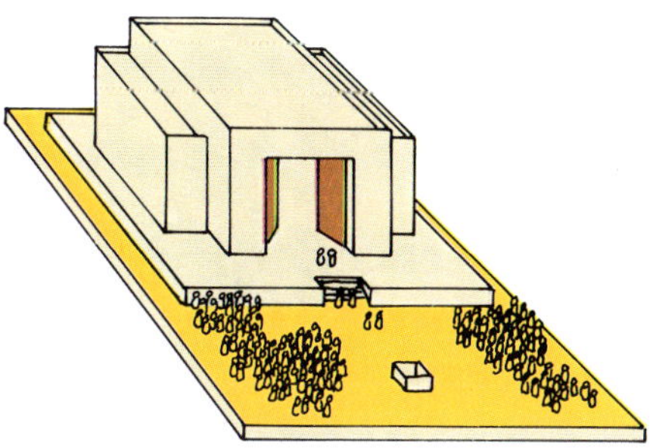

6 Esra 6,16-22. Unter großem Jubel wird der Tempel eingeweiht. Dieser Tempel stand fast 300 Jahre – länger als zuvor der Tempel Salomos und der spätere Tempel des Herodes.

Schwert und Maurerkelle

Die Heimkehrer hatten eine enorme Aufbauarbeit zu leisten:

1 Wiederaufbau des Tempels
Die beiden ersten Gruppen unter Scheschbazar und Serubbabel begannen, den zerstörten Tempel wiederaufzubauen. Dies wurde teilweise von den Persern, teilweise von den Leuten selbst finanziert. Trotz aller Widerstände wurde der Tempel 22 Jahre später fertiggestellt. (Esra 3-6)

2 Wiederherstellung der Stadtmauern
Schon kurz nach Nehemias Rückkehr wurde die Arbeit an den Stadtmauern in Angriff genommen (etwa 70 Jahre nach Vollendung des Tempels). Auch dabei gab es Widerstand. Aber die Bauleute waren entschlossen, die Arbeit durchzuführen – selbst wenn sie mit der einen Hand die Kelle und mit der anderen ein Schwert halten mußten. (Neh.1,1-7,7)

3 Reformation
Esra sollte auf Geheiß des persischen Großkönigs sicherstellen, daß das jüdische Gesetz in Jerusalem und in Juda vollständig eingehalten wurde. In einer großen Versammlung „auf dem Platz vor dem Wassertor" wurde das Gesetz öffentlich vorgelesen und der Bund mit Gott erneuert. (Neh.8,1) Eine Folge war, daß Esra die „Mischehe" (zwischen Juden und Heiden) abschaffte. (Esra 7-10; Neh.8-9)

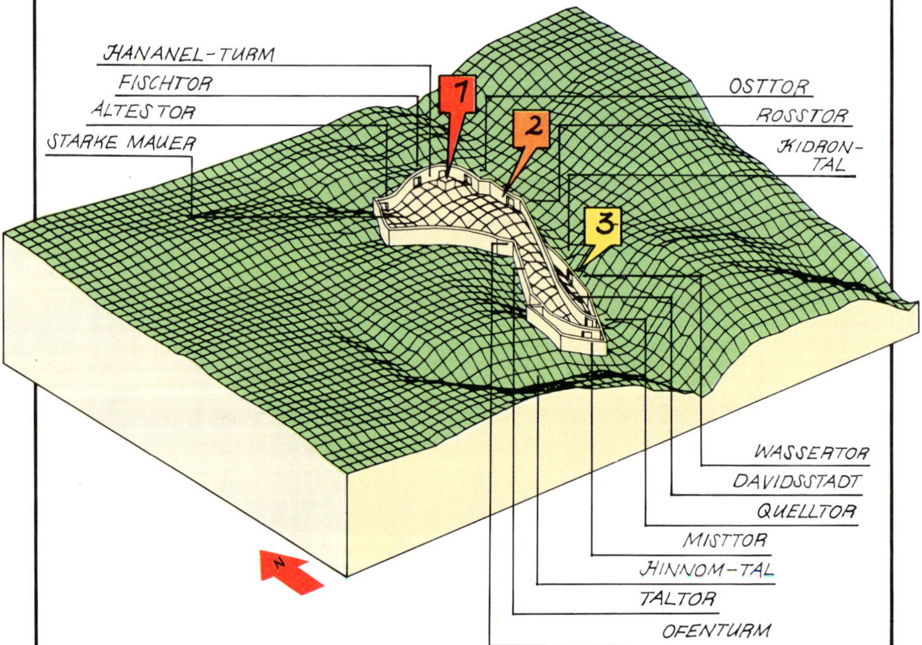

7
DAS LEBEN JESU EINE NEUE EPOCHE

Über 400 Jahre war es her, daß der letzte Prophet des Alten Testaments gesprochen hatte. Das jüdische Volk befand sich wieder unter der Herrschaft eines mächtigen Kaisers. Juda war eine kleine Provinz im Römischen Imperium. Es wurde von römischen Besatzungstruppen kontrolliert und mußte Steuern zahlen. Viele Juden sehnten sich nach Freiheit. Sie hofften auf den einen „Messias" nach der Art des Königs David.

Weder Johannes der Täufer noch Jesus entsprachen so recht der gängigen Vorstellung des Volkes von ihrem Messias. Innerhalb von drei Jahren wurde Johannes enthauptet und Jesus gekreuzigt. Aber nach den Aussagen des Neuen Testaments ist Jesus von den Toten auferstanden. Er war der erwartete Messias in einem viel umfassenderen Sinn, als die Menschen es erwartet hatten.

Das Leben Jesu – eine neue Epoche

Zu Kapitel 7 gehören folgende Karten:

- **Die Geburt Jesu** (S. 85). Jesus wurde vermutlich etwa 7 Jahre vor der offiziellen Zeitrechnung geboren. Bald nach seiner Geburt mußten seine Eltern nach Ägypten flüchten, weil Herodes der Große um seine Macht fürchtete.
- **Johannes der Täufer** (S. 86). Johannes beginnt seine Arbeit: Er ruft sein Volk zur Buße und tauft.
- **Der Geburtstag des Herodes** (S. 87). Johannes wird gefangengenommen und um das Jahr 29 n.Chr. von Herodes Antipas hingerichtet.
- **Jesus predigt und heilt** (S. 88). Jesus, der Zimmermann aus Nazareth, wird von Johannes getauft und beruft seine ersten Jünger.
- **Eine Reise in den Norden** (S. 89). Ereignisse aus der ersten Zeit des Lebens und Wirkens Jesu in Samaria und Galiläa.
- **Die Sturmstillung** (S. 90). Jesus vollbringt viele Heilungen, Wunder und beweist seine Macht über Naturgewalten und Dämonen.
- **Unter den Heiden** (S. 91). Jesus weiß sich in erster Linie zu den Juden gesandt, aber bei einigen Gelegenheiten wirkt er auch unter Nichtjuden.
- **„Was sagt ihr, wer ich bin?“** (S. 92). Jesus interessiert die öffentliche Meinung über seine Person – dann fragt er seine Jünger.
- **Kapernaum und Betanien** (S. 93). Jesus und seine Nachfolger sind zwar meistens unterwegs, im Norden und im Süden findet er jedoch ein Zuhause.
- **„Lazarus, komm heraus!“** (S. 94). Jesus weckt Lazarus von den Toten auf. Seine Feinde trachten ihm daraufhin nach dem Leben.
- **Jesu Einzug in Jerusalem** (S. 95). Jesus geht zum letzten Mal nach Jerusalem, obwohl er weiß, daß er dort sterben wird. Man bereitet ihm einen triumphalen Empfang. Er vertreibt die Händler aus dem Tempel.
- **Die letzten 24 Stunden** (S. 96). Im Jahre 33 n.Chr. wird Jesus nach einem letzten gemeinsamen Mahl mit den Jüngern verraten, gefangengenommen und von den Römern hingerichtet.
- **Zeugen der Auferstehung** (S. 97). Sehr viele Menschen haben Jesus nach seiner Auferstehung gesehen und bezeugen, daß er der Messias ist.
- **Nachfolger Jesu** (S. 98). Unzählige sehr verschiedene Männer und Frauen folgen Jesus nach.

Jesus zu Beginn seines Dienstes:
„Der Geist des Herrn ruht auf mir, denn er hat mich gesandt, den Armen gute Nachricht zu verkünden. Er hat mich gesandt, den Gefangenen Freiheit zu verkünden, die Blinden sehend zu machen, die Unterdrückten zu befreien, das Gnadenjahr des Herrn zu verkünden. Heute ist dieses Schriftwort vor euren Augen in Erfüllung gegangen.“

Johannes der Täufer:
„Ich taufe euch mit Wasser zur Buße. Aber nach mir wird einer kommen, der mächtiger ist als ich, dem ich nicht würdig bin, die Schuhriemen zu lösen. Er wird euch mit dem Heiligen Geist und mit Feuer taufen.“

Bekenntnis des Petrus:
„Du bist der Christus, der Sohn des lebendigen Gottes.“

Die Geburt Jesu

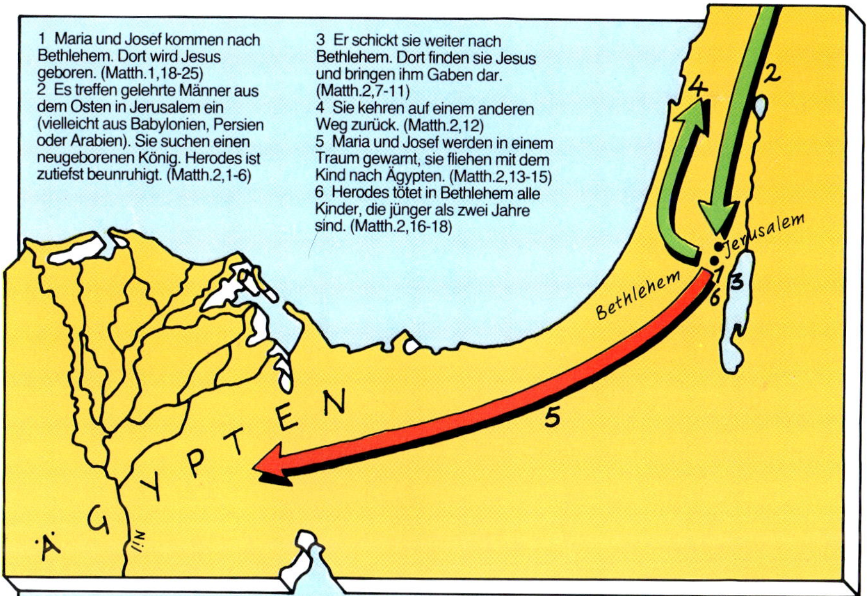

1 Maria und Josef kommen nach Bethlehem. Dort wird Jesus geboren. (Matth.1,18-25)
2 Es treffen gelehrte Männer aus dem Osten in Jerusalem ein (vielleicht aus Babylonien, Persien oder Arabien). Sie suchen einen neugeborenen König. Herodes ist zutiefst beunruhigt. (Matth.2,1-6)
3 Er schickt sie weiter nach Bethlehem. Dort finden sie Jesus und bringen ihm Gaben dar. (Matth.2,7-11)
4 Sie kehren auf einem anderen Weg zurück. (Matth.2,12)
5 Maria und Josef werden in einem Traum gewarnt, sie fliehen mit dem Kind nach Ägypten. (Matth.2,13-15)
6 Herodes tötet in Bethlehem alle Kinder, die jünger als zwei Jahre sind. (Matth.2,16-18)

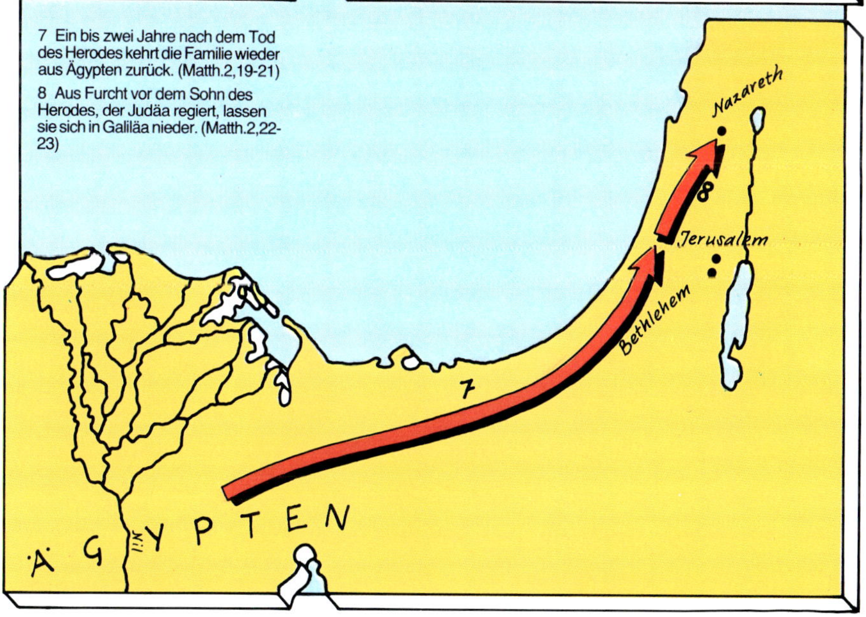

7 Ein bis zwei Jahre nach dem Tod des Herodes kehrt die Familie wieder aus Ägypten zurück. (Matth.2,19-21)
8 Aus Furcht vor dem Sohn des Herodes, der Judäa regiert, lassen sie sich in Galiläa nieder. (Matth.2,22-23)

Johannes der Täufer

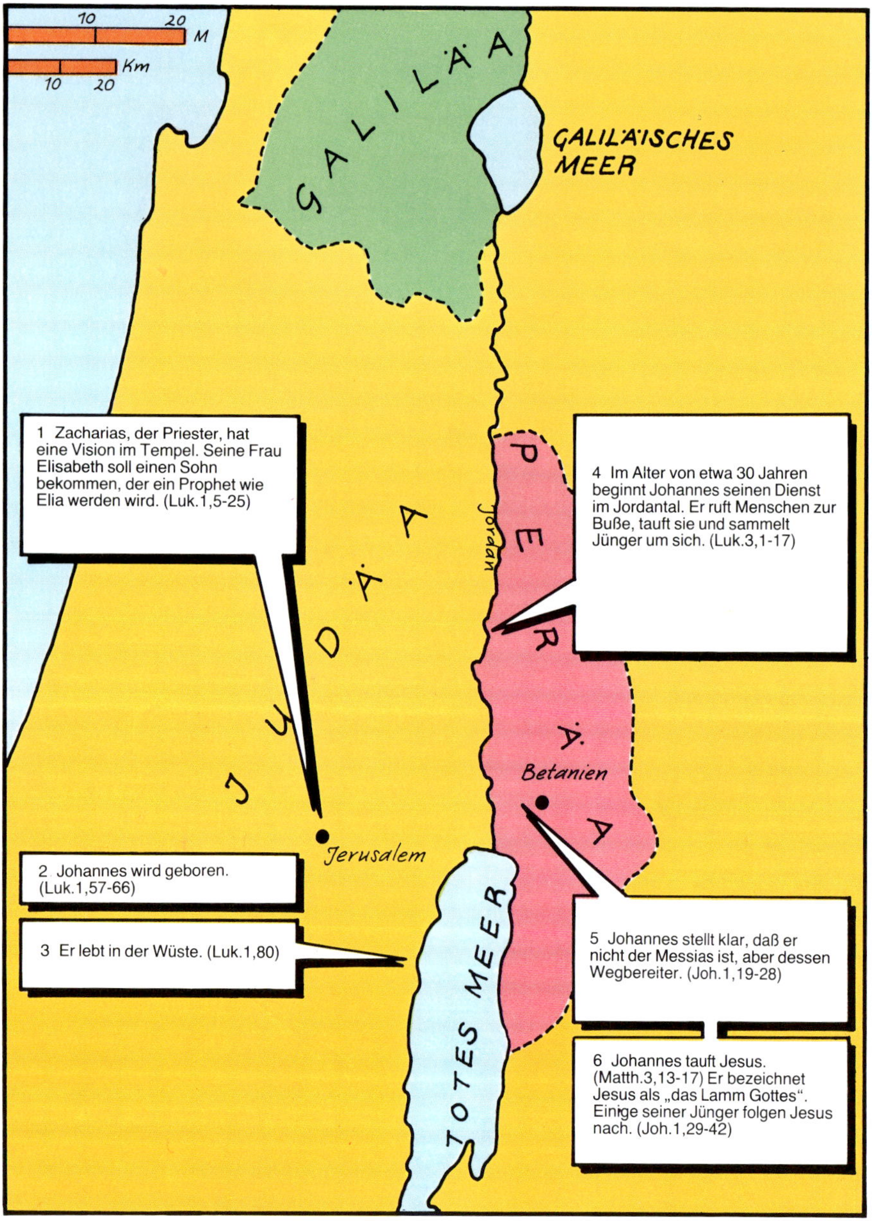

Geburtstag des Herodes

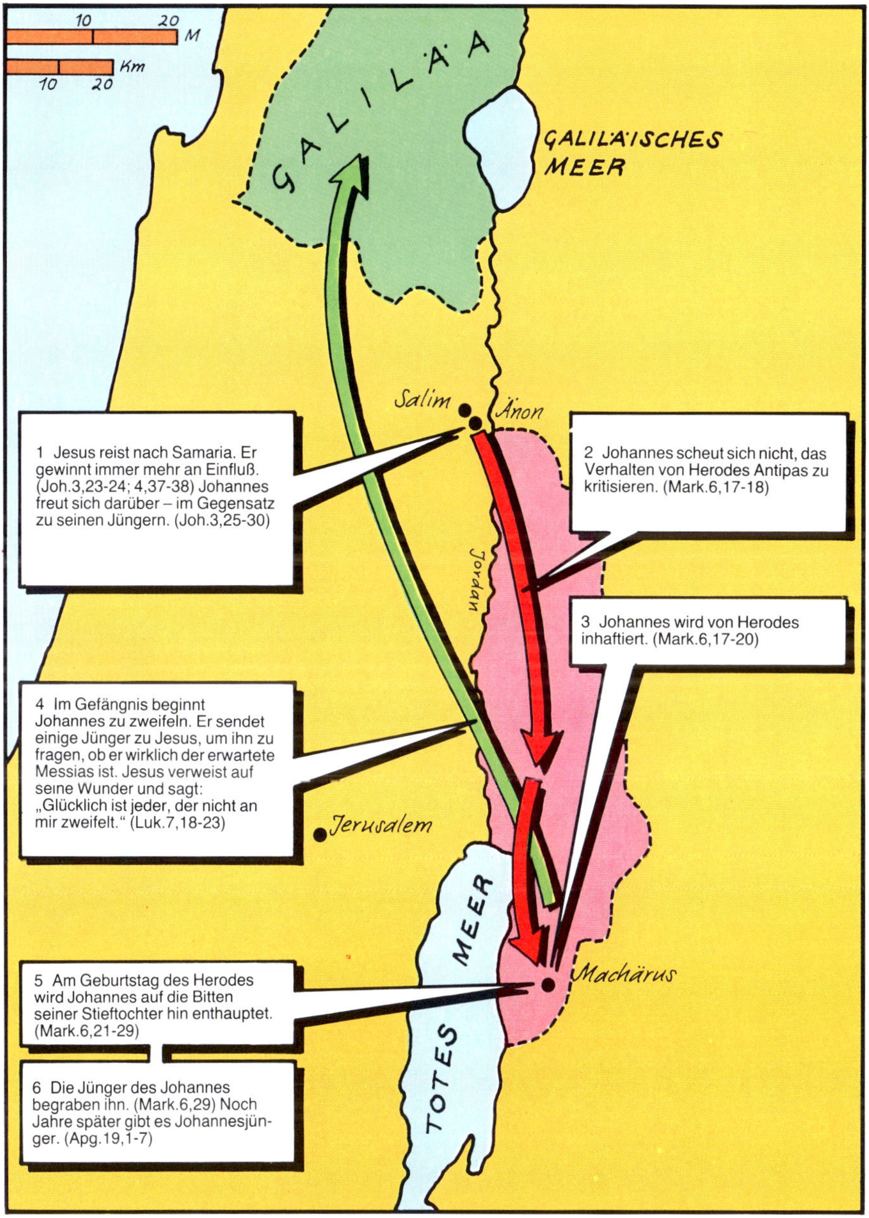

Jesus predigt und heilt

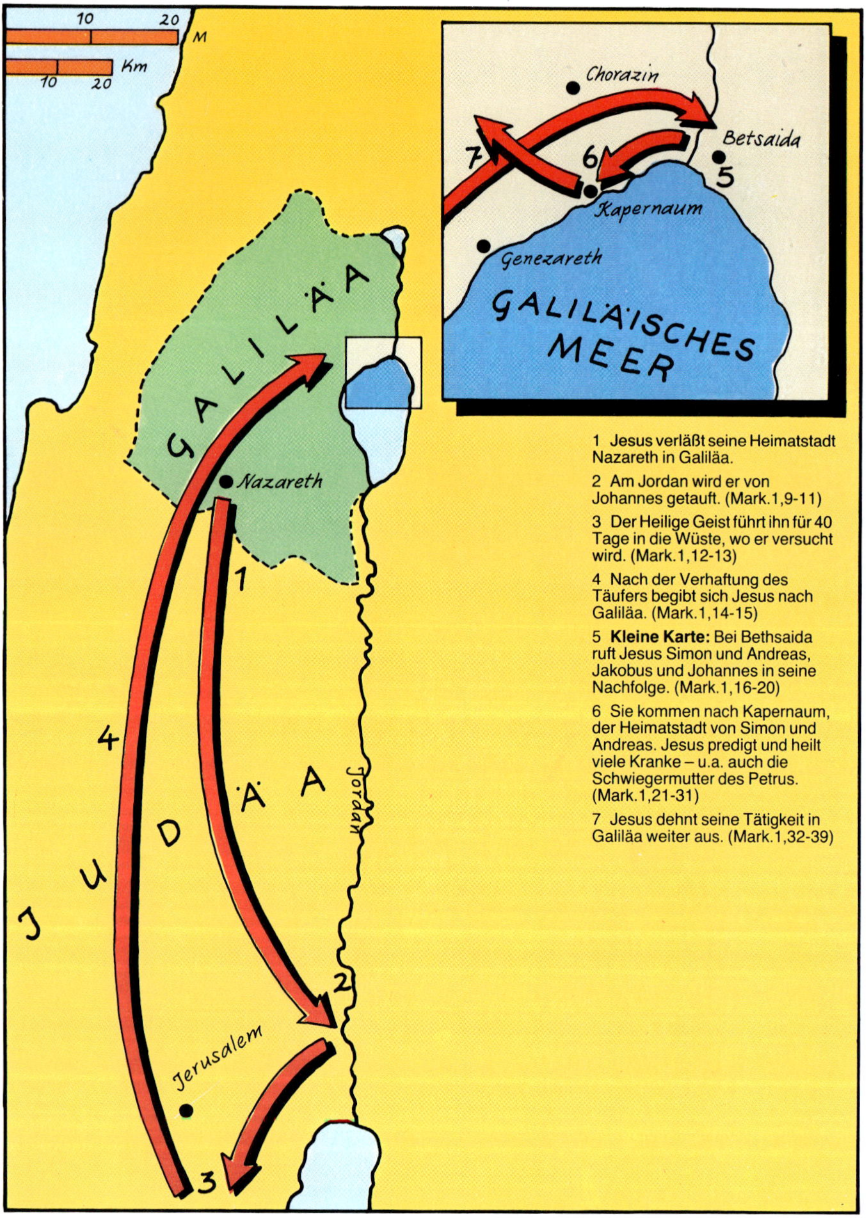

1 Jesus verläßt seine Heimatstadt Nazareth in Galiläa.

2 Am Jordan wird er von Johannes getauft. (Mark.1,9-11)

3 Der Heilige Geist führt ihn für 40 Tage in die Wüste, wo er versucht wird. (Mark.1,12-13)

4 Nach der Verhaftung des Täufers begibt sich Jesus nach Galiläa. (Mark.1,14-15)

5 **Kleine Karte:** Bei Bethsaida ruft Jesus Simon und Andreas, Jakobus und Johannes in seine Nachfolge. (Mark.1,16-20)

6 Sie kommen nach Kapernaum, der Heimatstadt von Simon und Andreas. Jesus predigt und heilt viele Kranke – u.a. auch die Schwiegermutter des Petrus. (Mark.1,21-31)

7 Jesus dehnt seine Tätigkeit in Galiläa weiter aus. (Mark.1,32-39)

Eine Reise nach Norden

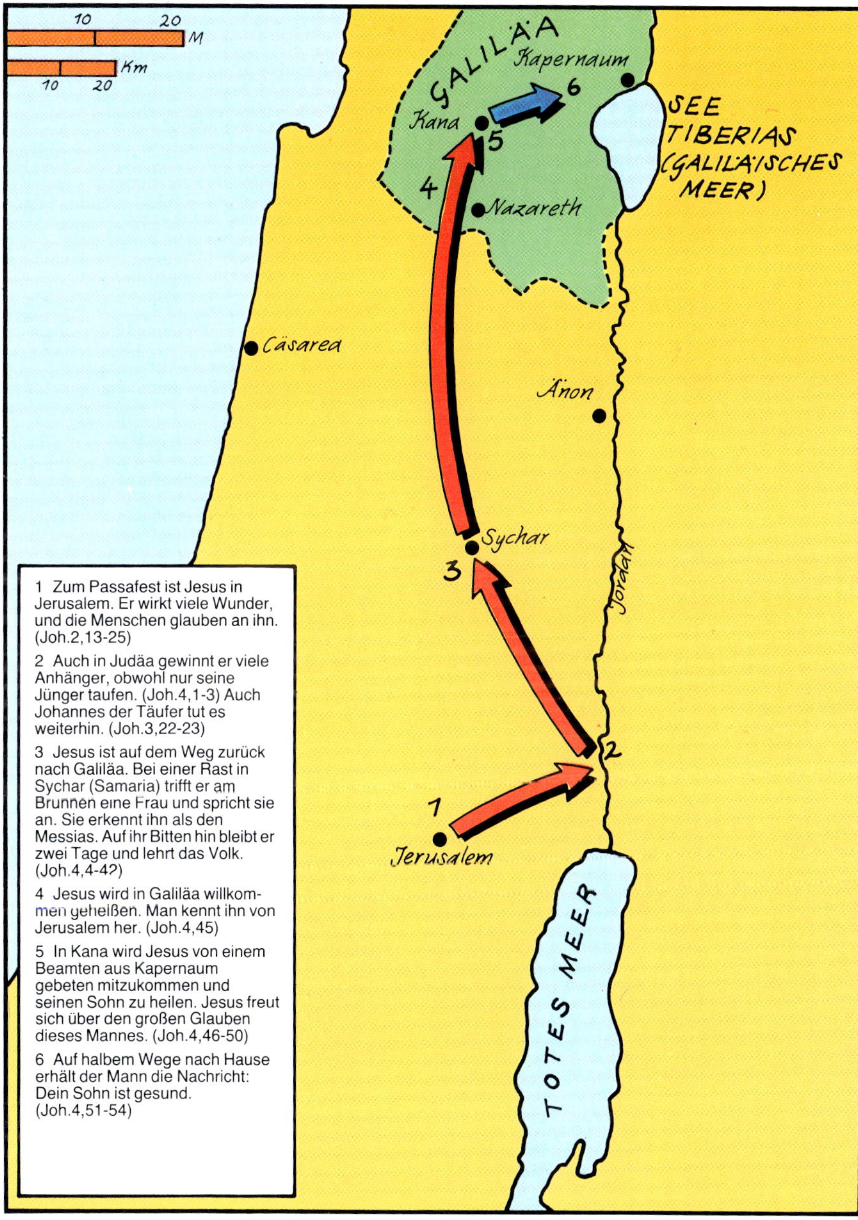

1 Zum Passafest ist Jesus in Jerusalem. Er wirkt viele Wunder, und die Menschen glauben an ihn. (Joh.2,13-25)

2 Auch in Judäa gewinnt er viele Anhänger, obwohl nur seine Jünger taufen. (Joh.4,1-3) Auch Johannes der Täufer tut es weiterhin. (Joh.3,22-23)

3 Jesus ist auf dem Weg zurück nach Galiläa. Bei einer Rast in Sychar (Samaria) trifft er am Brunnen eine Frau und spricht sie an. Sie erkennt ihn als den Messias. Auf ihr Bitten hin bleibt er zwei Tage und lehrt das Volk. (Joh.4,4-42)

4 Jesus wird in Galiläa willkommen geheißen. Man kennt ihn von Jerusalem her. (Joh.4,45)

5 In Kana wird Jesus von einem Beamten aus Kapernaum gebeten mitzukommen und seinen Sohn zu heilen. Jesus freut sich über den großen Glauben dieses Mannes. (Joh.4,46-50)

6 Auf halbem Wege nach Hause erhält der Mann die Nachricht: Dein Sohn ist gesund. (Joh.4,51-54)

Die Sturmstillung

1 Jesus ruft seine Jünger auf einem Berg zusammen. (Mark.3,13-19)

2 Anschließend gehen sie nach Kapernaum. Alle wollen ihn hören, so daß kaum Zeit zum Essen bleibt. (Mark.3,20-35; 4,33-34)

3 Jesus und die Jünger fahren gegen Abend auf den See Genezareth hinaus zum gegenüberliegenden Ufer. (Mark.4,35-36)

4 Sie kommen in ein schweres Unwetter, aber Jesus schläft. Die Jünger wecken ihn, und auf seinen Befehl hin legt sich der Sturm. (Mark.4,37-41)

5 Sie erreichen das Gebiet der Gerasener. Dort befreit Jesus einen von Dämonen besessenen Mann. (Mark.5,1-17)

6 Jesus und die Jünger fahren über den See zurück. Er erweckt die Tochter des Jairus und heilt eine Frau, die nur sein Gewand berühren wollte. (Mark.5,21-43)

7 In Nazareth wird Jesus abgelehnt. Er sendet seine zwölf Jünger aus, um zu predigen, zu heilen und Dämonen auszutreiben. (Mark.6,1-6)

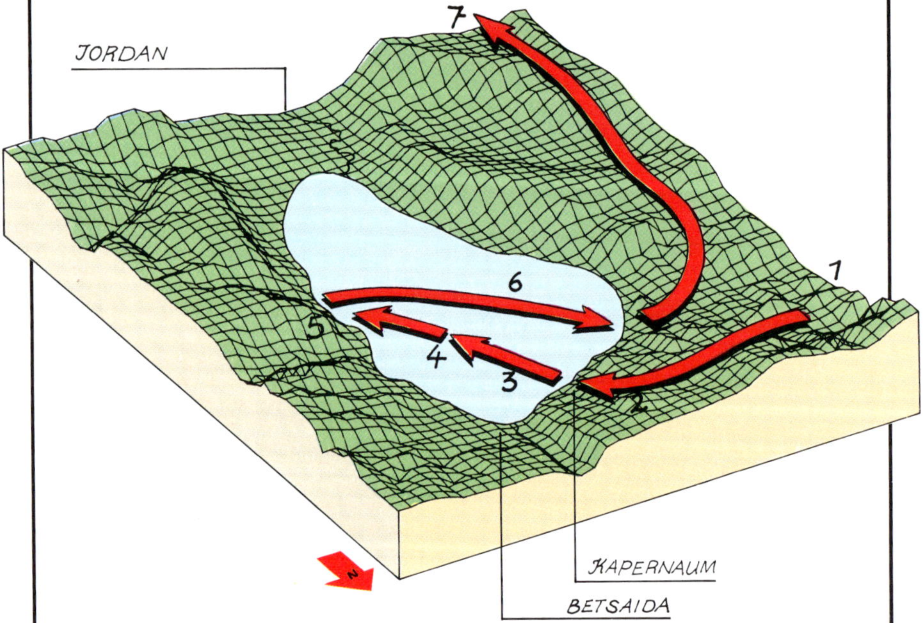

Unter den Heiden

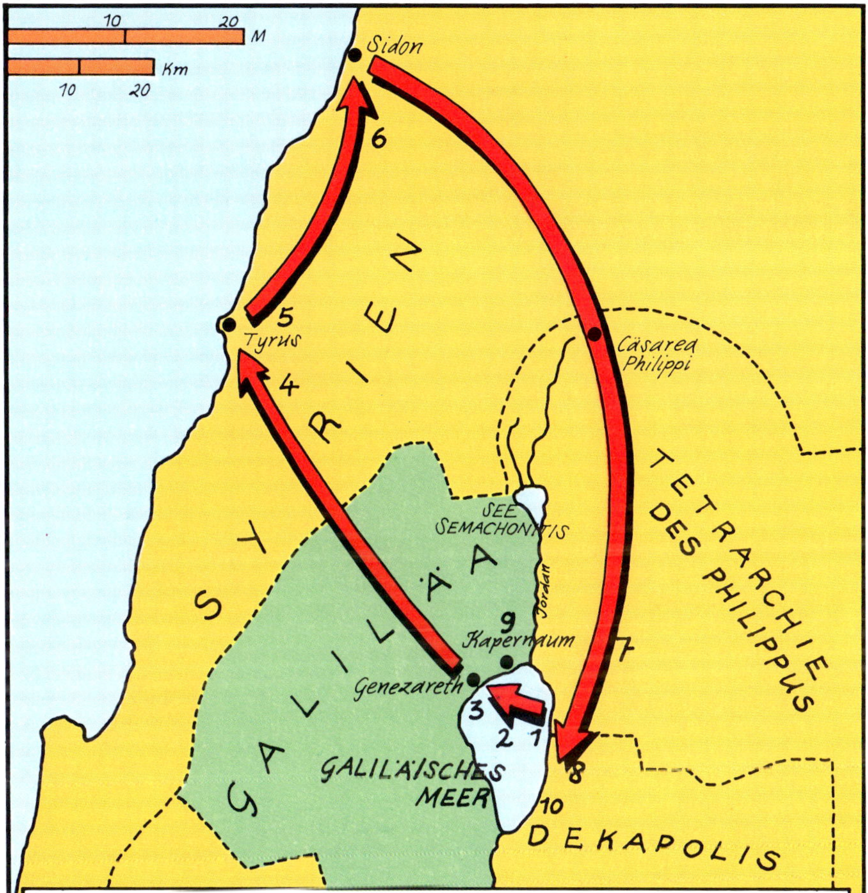

1 Jesus hatte zu mehr als 5000 Menschen gesprochen und ihnen anschließend zu essen gegeben. Nun schickt er seine Jünger mit dem Boot voraus nach Bethsaida. (Mark.6,45-46)

2 Ein starker Gegenwind läßt sie nur schwer vorankommen. Um Mitternacht kommt Jesus ihnen auf dem Wasser entgegen. (Mark.6,47-52)

3 Sie erreichen Genezareth. Hier heilt Jesus viele Kranke, die aus der ganzen Gegend zu ihm gebracht werden. (Mark.6,53-56)

4 Jesus ist in der Gegend von Tyrus. Vergeblich versucht er, seinen Besuch dort geheimzuhalten. (Mark.7,24)

5 Eine heidnische Frau fleht ihn an, doch ihre besessene Tochter zu heilen. Jesus lehnt zunächst ab. (Mark.7,25-30)

6 Jesus reist nach Sidon im Norden

7 und von dort hinab in die Region Dekapolis (wörtl.: zehn Städte). (Mark.7,31)

8 Er heilt einen Taubstummen. Sein Ruf als Wundertäter eilt ihm voraus. (Mark.7,32-37)
Noch bei zwei weiteren Gelegenheiten nimmt sich Jesus auch der Nöte von Nichtjuden an:

9 Er heilt den Diener eines römischen Hauptmanns, der ihm bedingungslos vertraut. (Luk.7,1-10)

10 Er befreit in Dekapolis einen Mann von einer Vielzahl Dämonen. (Mark.5,1-20)

„Für wen haltet ihr mich?“

1 Jesus ist mit seinen Jüngern in Betsaida und heilt dort einen Blinden. (Mark.8,22-26)

2 Sie reisen in die Nähe von Cäsarea Philippi. Jesus fragt seine Jünger, für wen ihn die Leute halten. Petrus hat erkannt, daß Jesus der Messias ist. Jesus kündigt ihnen seinen bevorstehenden Tod an. (Mark.8,27-33)

3 Sechs Tage später nimmt Jesus seine Jünger Petrus, Jakobus und Johannes mit auf einen hohen Berg (möglicherweise der Berg Hermon). Später befreit er einen Jungen von einem bösen Geist. (Mark.9,2-29)

4 Jesus und die Jünger reisen weiter durch Galiläa. Jesus spricht wieder über seinen bevorstehenden Tod. (Mark.9,30-32)

5 In Kapernaum tadelt Jesus seine Jünger wegen ihrer Rangstreitigkeiten untereinander. (Mark.9,33-35)

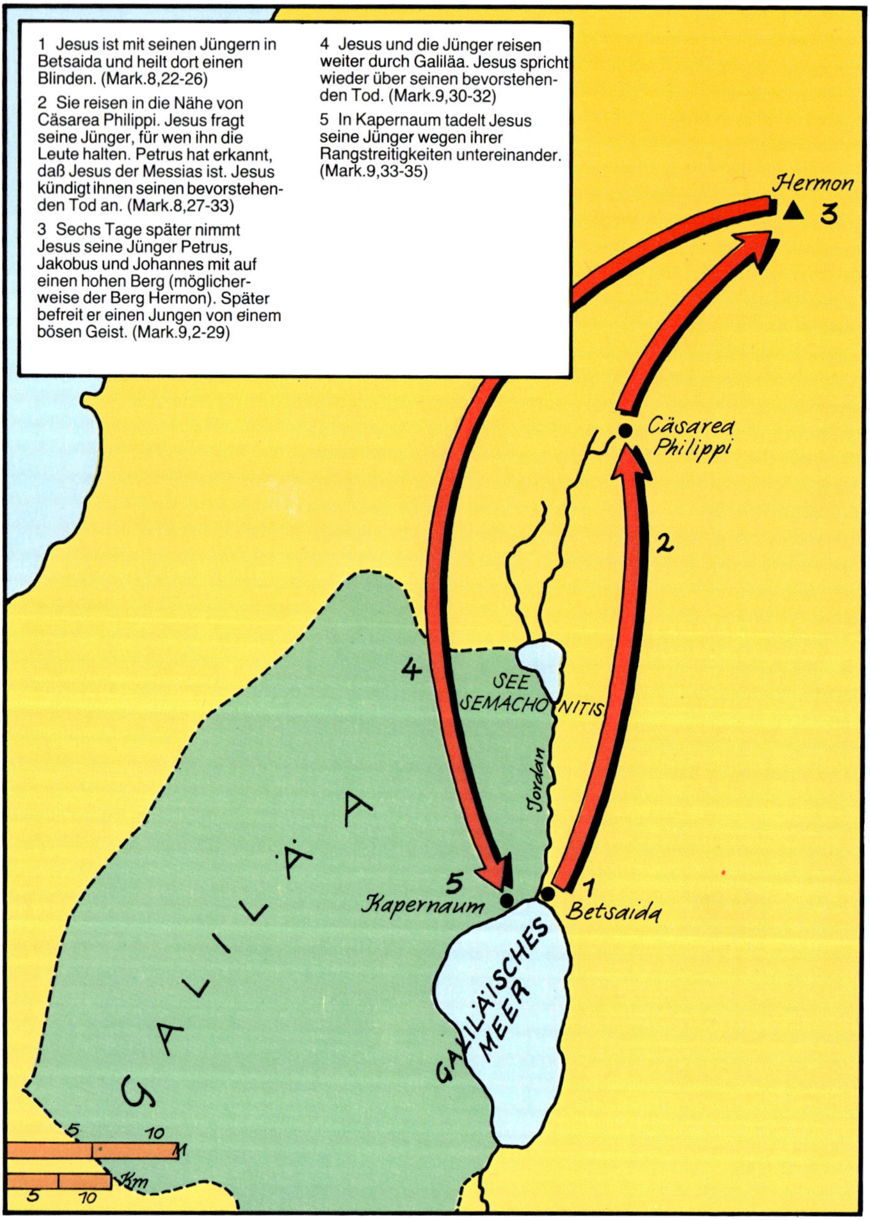

Kapernaum und Betanien

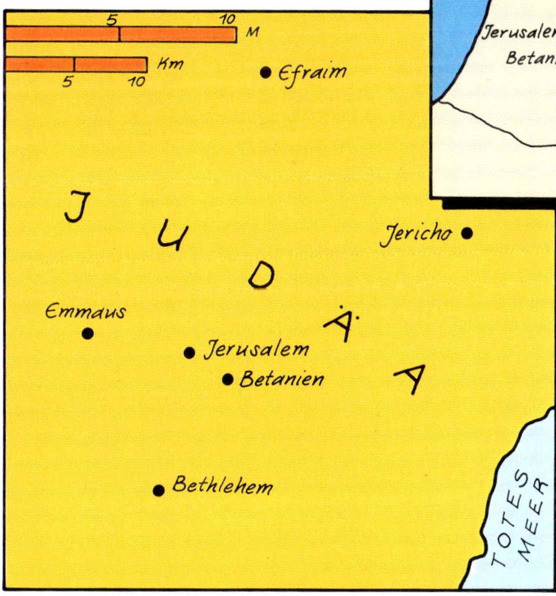

Kapernaum

Schon zu Beginn seiner Tätigkeit wählte Jesus Kapernaum zu seiner Heimat. Die Stadt war für ihn Ausgangspunkt seiner Reisen nach Galiläa. Er wohnte hier wahrscheinlich im Haus von Simon Petrus und Andreas. In Kapernaum heilte Jesus viele Kranke. Selbst von weither wurden sie zu ihm gebracht. (Luk.4,23) Jesus klagte später darüber, daß die Menschen in Kapernaum weder durch seine Predigt noch durch seine Wunder sich zur Umkehr bewegen ließen. (Luk.10,15)

Betanien

Jesus wohnte im Haus der Schwestern Maria und Marta. (Luk.10,38) Bei seinem letzten Besuch in Jerusalem übernachtete er in Betanien. In Betanien war es auch, wo eine Frau – wahrscheinlich Maria selbst, die Schwester Martas – ihn mit kostbarem Öl salbte. (Mark.14,3-9)

Lazarus, komm heraus!

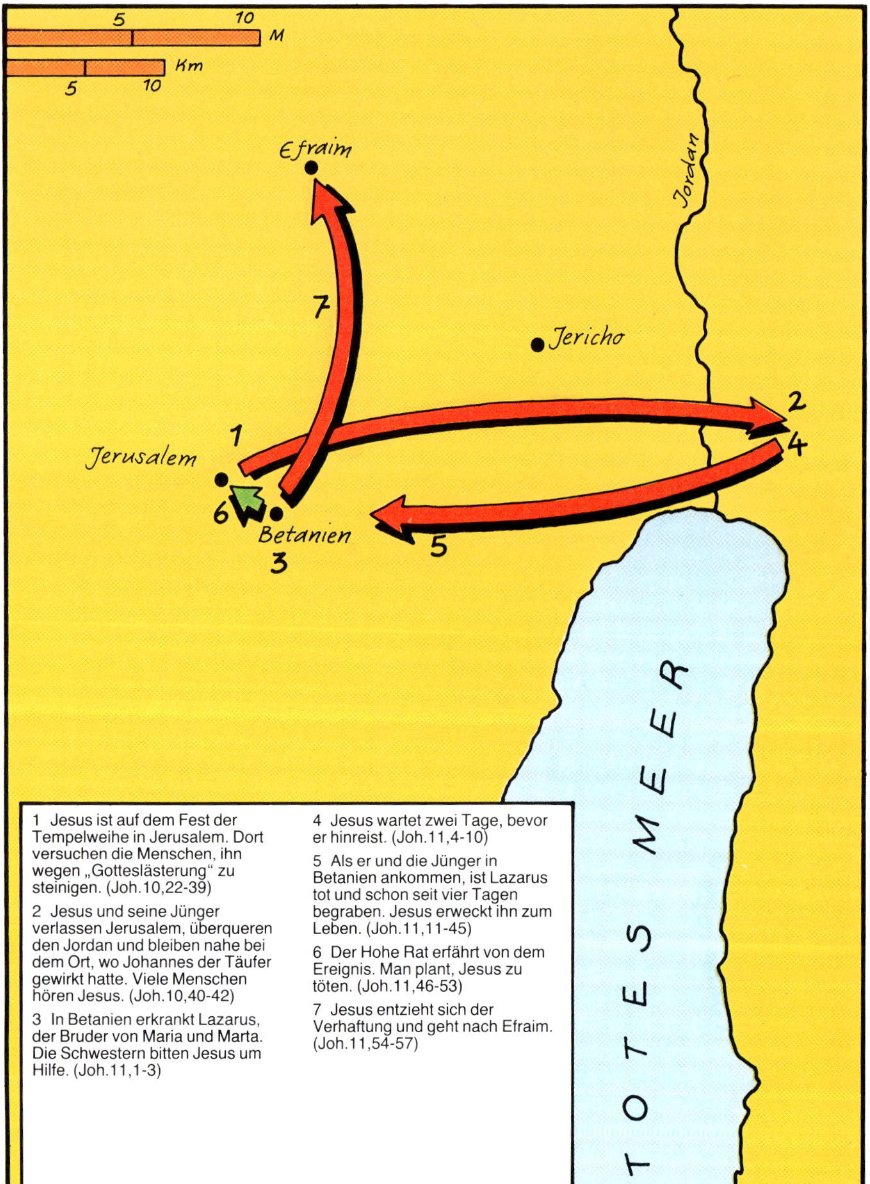

1 Jesus ist auf dem Fest der Tempelweihe in Jerusalem. Dort versuchen die Menschen, ihn wegen „Gotteslästerung“ zu steinigen. (Joh.10,22-39)

2 Jesus und seine Jünger verlassen Jerusalem, überqueren den Jordan und bleiben nahe bei dem Ort, wo Johannes der Täufer gewirkt hatte. Viele Menschen hören Jesus. (Joh.10,40-42)

3 In Betanien erkrankt Lazarus, der Bruder von Maria und Marta. Die Schwestern bitten Jesus um Hilfe. (Joh.11,1-3)

4 Jesus wartet zwei Tage, bevor er hinreist. (Joh.11,4-10)

5 Als er und die Jünger in Betanien ankommen, ist Lazarus tot und schon seit vier Tagen begraben. Jesus erweckt ihn zum Leben. (Joh.11,11-45)

6 Der Hohe Rat erfährt von dem Ereignis. Man plant, Jesus zu töten. (Joh.11,46-53)

7 Jesus entzieht sich der Verhaftung und geht nach Efraim. (Joh.11,54-57)

Jesu Einzug in Jerusalem

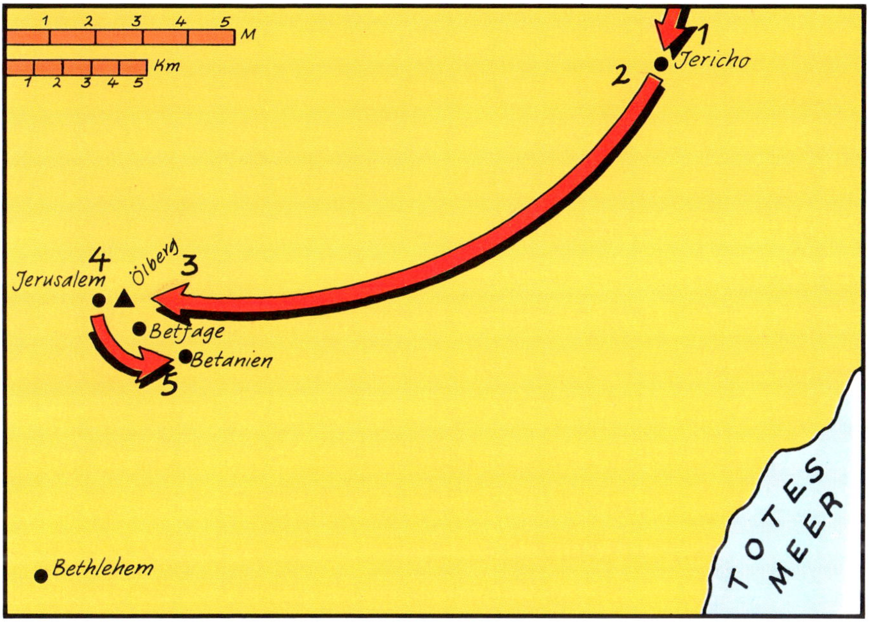

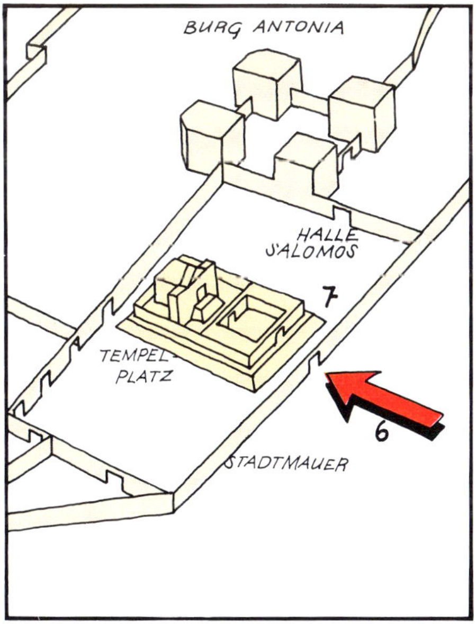

1 Jesus und seine Jünger kommen durch Jericho. (Lukas berichtet von der Begegnung mit Zachäus: Luk.19,1-10)

2 Als sie die Stadt verlassen – eine große Menschenmenge im Gefolge –, heilt Jesus den blinden Bartimäus. (Mark.10,46-52)

3 In der Nähe des Ölbergs beauftragt Jesus zwei seiner Jünger, einen Esel zu holen, das Reittier der einfachen Leute. (Mark.11,1-6)

4 Jesus reitet auf dem Esel in Jerusalem ein, und eine Menschenmenge jubelt ihm als dem Messias zu. (Mark.11,7-10)

5 Die Nacht verbringen sie in Betanien. (Mark.11,11)

6 Am nächsten Morgen kommen sie nach Jerusalem zurück.

7 Aus der Halle Salomos, die zum Tempel gehört, vertreibt Jesus Händler und Geldwechsler. (Mark.11,15-19)

Die letzten 24 Stunden

1 Jesus und die Jünger feiern an einem geheimen Ort das Passamahl. (Mark.14,12-26)

2 Judas verläßt die Jünger, um Jesus zu verraten. (Joh.13,21-30)

3 Jesus betet in Gethsemane, während seine Jünger schlafen. (Mark.14,32-42)

4 Römische Soldaten und die Tempelwache – Judas an der Spitze – nehmen Jesus fest. Die Jünger fliehen. (Mark.14,43-52)

5 Jesus vor Hannas, der eine Anklage formulieren soll. (Joh.18,12-14)

6 Jesus wird von Kaiphas und dem jüdischen Hohen Rat verhört. Die Zeugen widersprechen sich, und Jesus schweigt. Petrus leugnet, daß er Jesus kennt. (Mark.14,53-72)

7 Am frühen Morgen wird Jesus zu Pilatus gebracht. Ihm werden politische Verbrechen zur Last gelegt. Pilatus selbst hält Jesus für unschuldig. (Luk.23,1-5)

8 Pilatus schickt Jesus zu Herodes Antipas, der Johannes den Täufer hinrichten ließ. Jesus schweigt auch hier zu den Anklagepunkten. Herodes und seine Soldaten verspotten ihn. (Luk.23,6-12)

9 Pilatus will Jesus freilassen. Aber die Masse wählt an seiner Stelle Barabbas. Jesus wird im Vorhof des Palastes verurteilt. (Joh.18,38-19,16)

10 Judas bereut seine Tat und begeht Selbstmord. (Matth.27,3-10)

11 Jesus wird verhöhnt. (Matth.27,27-31)

12 Auf Golgatha, der „Schädelstätte", wird Jesus gekreuzigt. (Luk.23,32-49)

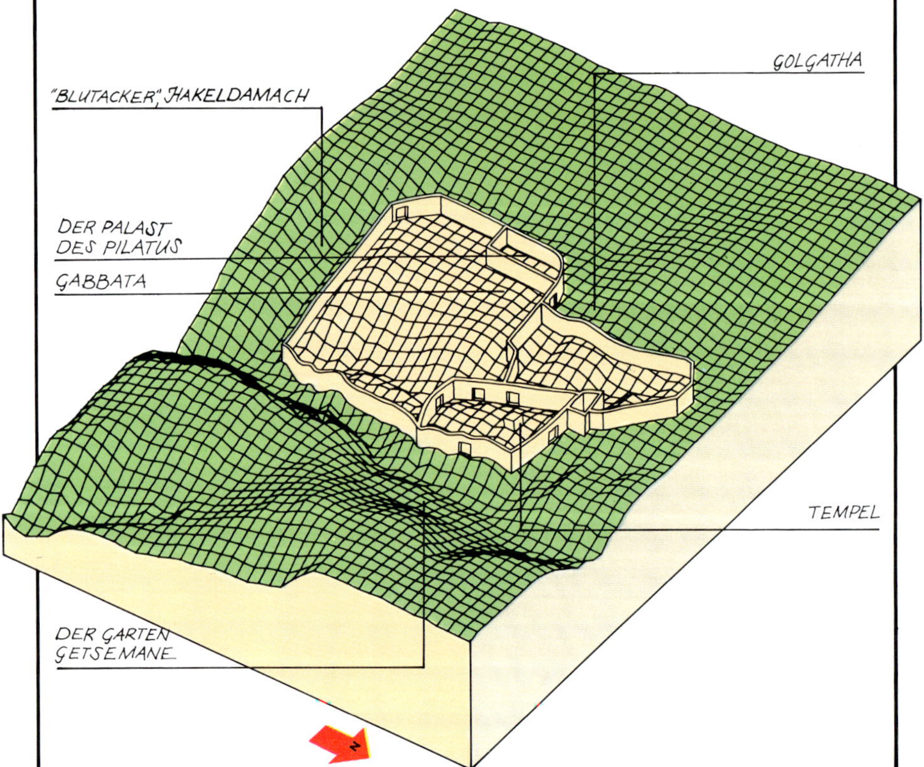

Zeugen der Auferstehung

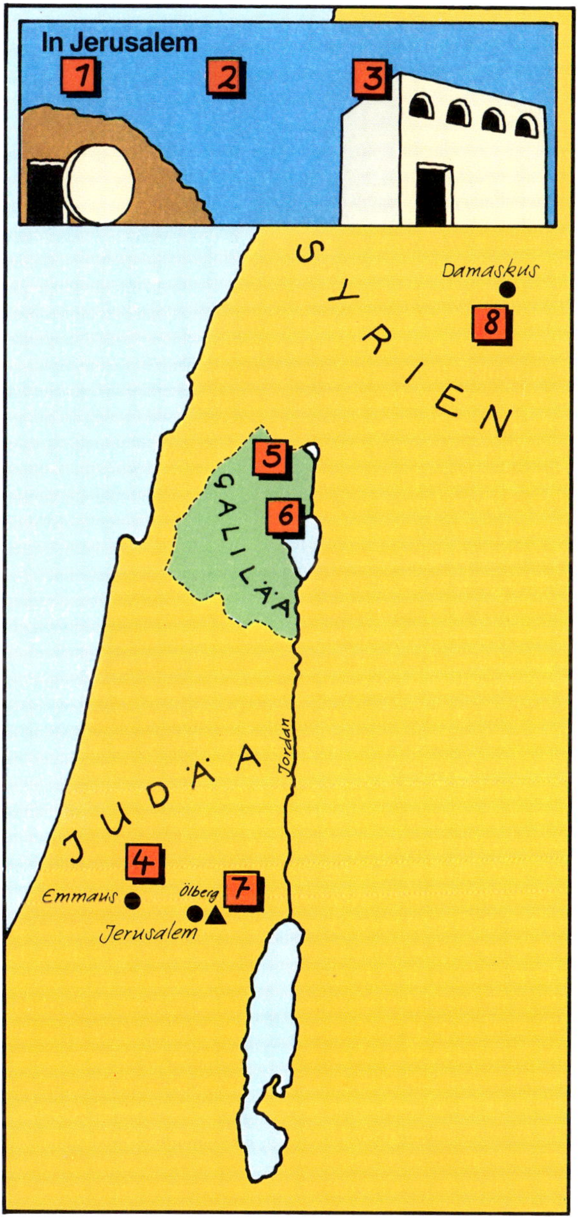

1 Am Grab begegnet Maria Magdalena Jesus. (Joh.20,11-18; Mark.16,9-11)

2 In der Nähe des Grabes begegnet er Maria Magdalena und einer „anderen Maria". (Matth.28,9-10)

3 Die Jünger essen (Mark.16,14-18), als Jesus ihnen erscheint. Er läßt sich berühren und ißt mit ihnen. (Luk.24,36-49) Thomas will es nicht glauben (Joh.20,19-23) – aber er wird überzeugt. (Joh.20,24-29)

4 Auf der Straße nach Emmaus erscheint Jesus dem Kleopas und einem anderen Jünger. (Luk.24,13-35; Mark.16,12-13)

5 Auf dem „Hügel in Galiläa" erscheint er den elf Jüngern. (Matth.28,16-20)

6 Am See Genezareth (dem Galiläischen Meer) begegnet er Petrus, Thomas, Nathanael, Jakobus, Johannes und zwei weiteren Jüngern. (Joh.21,1-22)

7 Auf dem Ölberg wird Jesus in den Himmel aufgenommen. (Luk.24,50-51; Apg.1,6-11)

8 Auf der Straße nach Damaskus erscheint Jesus dem Christenhasser Saulus. (Apg.9,1-9)

Paulus schreibt, daß Jesus außer von Petrus und Jakobus (dem Bruder des Herrn) von „mehr als 500 Nachfolgern auf einmal" gesehen wurde. (1.Kor.15,5-7) Apostelgeschichte 1,3 bemerkt, daß Jesus noch viele Male (in einem Zeitraum von vierzig Tagen nach seiner Auferstehung) gesehen wurde.

Nachfolger Jesu

Bartholomäus (Nathanael) kam aus Kana. Er wurde von Philippus zu Jesus gebracht. (Joh.1,45-51)

Simon und Andreas stammten aus Bethsaida, aber sie lebten als Fischer in Kapernaum. (Mark.1,16-18)

Jakobus und Johannes lebten in der Nähe von Kapernaum. Die beiden Brüder stammten aus einer wohlhabenden Familie und waren Fischer. (Mark.1,19-20)

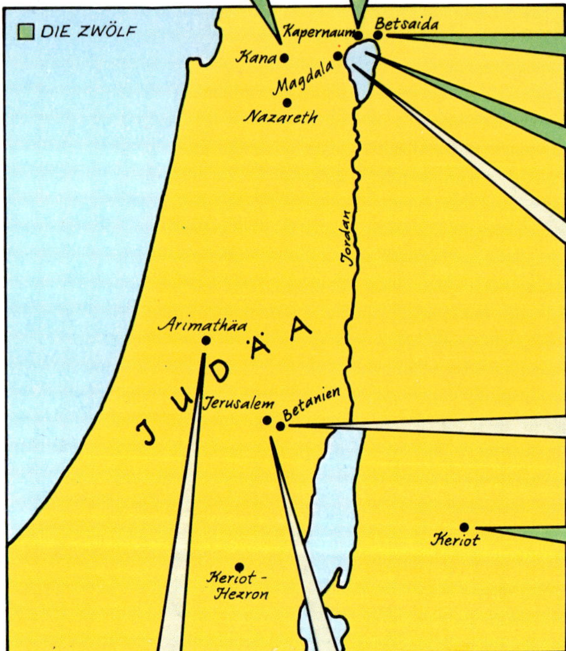

Philippus kam aus Bethsaida. (Joh.1,43-44)

Levi (auch als Matthäus bekannt) war früher Zolleinnehmer in Kapernaum. (Mark.2,13-17)

Maria Magdalena. Jesus hatte sie von Dämonen befreit. Sie und andere Frauen folgten ihm nach. (Luk.8,1-2)

Maria und Marta nahmen Jesus in ihrem Haus auf. Lazarus – ihr Bruder – wurde von Jesus vom Tode auferweckt. (Joh.11,11-45)

Judas Ischariot verriet Jesus an seine Feinde. „Ischariot" bedeutet wahrscheinlich „Mann aus Karioth". Er verwaltete im Jüngerkreis die gemeinsame Kasse. (Joh.12,4-6)

Josef von Arimathäa. Mitglied des jüdischen Hohen Rates und heimlicher Nachfolger Jesu. (Luk.23,50-54)

Nikodemus, der Jesus bei Nacht aufgesucht hatte, wagte es ebenfalls am Anfang nicht, sich offen zu Jesus zu bekennen. (Joh.3,1-21)

Markus und seine Familie könnten die Besitzer des Hauses gewesen sein, in dem Jesus das Abendmahl mit den Jüngern feierte. Dieses Haus war später Versammlungsort der Urgemeinde. (Apg.12,12)

Thomas, der an Jesu Auferstehung zweifelte, und **Jakobus**, der Sohn des Alphäus, **Simon**, der Zelot, und **Judas**, der Sohn des Jakobus (auch Thaddäus genannt), gehörten zum engen Jüngerkreis. (Mark.3,18)

Johanna, die Frau Chuzas, eines Offiziers am Hof des Herodes, und **Susanna** folgten zusammen mit anderen Frauen Jesus nach. Sie unterstützten die Jünger auch finanziell. (Luk.8,3)

Josef Barsabbas und Matthias standen nach Judas' Tod zur Wahl für das Apostelamt. Beide waren Jesus von Anfang an nachgefolgt. Matthias wurde gewählt. (Apg.1,15-26)

8

DIE ERSTEN CHRISTEN

Das Pfingstfest – sieben Wochen nach Jesu Auferstehung – gilt als der „Geburtstag" der christlichen Gemeinde. Jerusalem war damals wegen des Pfingstfestes von jüdischen Pilgern überfüllt, als die Jünger plötzlich „voll Heiligen Geistes" zu predigen begannen. Die Wirkung auf die Zuhörer war unglaublich: 3000 Pilger kamen zum Glauben und wurden getauft. Die neu entstandene Gemeinde blieb in Jerusalem, bis die Jahre der Verfolgung begannen. Stephanus, der erste Märtyrer, wurde gesteinigt. Die Christen, die vertrieben wurden, verbreiteten die Gute Nachricht, wo immer sie hinkamen.

Petrus predigte das Evangelium selbst dem nichtjüdischen Hauptmann Kornelius, der daraufhin zum Glauben kam. Petrus wurde deshalb von anderen Christen zur Rede gestellt. Man konnte nicht glauben, daß das Evangelium auch den Heiden gilt. Petrus begründete sein Handeln jedoch mit einem Auftrag Gottes. Was zunächst wie eine neue jüdische Sekte aussah, breitete sich schnell in der ganzen Welt aus.

Die ersten Christen

Zu Kapitel 8 gehören folgende Karten:

• **Die Christen in Jerusalem** (S. 101). Zwischen der Himmelfahrt Jesu und dem Märtyrertod des Stephanus gibt es eine christliche Gemeinde nur in Jerusalem.
• **Die Gute Nachricht breitet sich aus** (S. 102). Der Tod des Stephanus und die anschließende brutale Verfolgung der Christen trägt indirekt zu einer raschen Verbreitung des Glaubens bei. Zwanzig Jahre später ist die Botschaft im ganzen Mittelmeerraum bekannt.
• **Philippus** (S. 104). Philippus trägt die Gute Nachricht nach Samarien hinein. Er kommt an der Küste entlang bis hinauf nach Cäsarea.
• **Die Gemeinde in Antiochien** (S. 105). Die Gute Nachricht wird bald auch unter Nichtjuden gepredigt. Antiochien ist bald schon der Mittelpunkt der Kirche außerhalb Jerusalems.
• **Reisewege in der römischen Welt** (S. 106). Sollte der christliche Glaube ausgebreitet werden, so waren dazu gute und sichere Straßen nötig. – Wie reiste man damals im Römischen Reich?
• **Die Reisen des Petrus** (S. 108). Petrus reist weit und predigt dabei von Jesus. Er wurde im Jahre 64 n.Chr. in Rom hingerichtet, vielleicht zusammen mit Paulus.

Die Pfingstpredigt des Petrus:
„Ihr Leute von Israel, wisset denn, daß dieser Jesus, den ihr gekreuzigt habt, gewißlich von Gott zum Messias und Herrn gemacht ist.“

Der Hohepriester Kaiphas klagt die Apostel an:
„Wir haben euch streng verboten, im Namen dieses Mannes zu lehren, aber seht, was ihr getan habt! Ihr habt eure Lehre in ganz Jerusalem verbreitet und wollt uns für seinen Tod verantwortlich machen!“

Stephanus vor seinem Märtyrertod:
„Schaut! Ich sehe den Himmel offen und den Menschensohn stehen zur Rechten Gottes.“

Petrus in einem Brief an junge Christen:
„Meine lieben Freunde, laßt euch nicht befremden von der schmerzhaften Probe, die ihr erdulden müßt, als ob euch etwas Außergewöhnliches widerführe. Seid vielmehr froh, daß ihr an den Leiden Jesu teilhabt, so daß ihr voller Freude sein mögt, wenn seine Herrlichkeit offenbar wird.“

Die Christen in Jerusalem

1 Jesus verläßt seine Jünger, nachdem er ihnen den „Missionsbefehl" gegeben hat. (Apg.1,4-12)

2 Ungefähr 10 Tage später ist Jerusalem von Pilgern überfüllt, die zum Pfingstfest gekommen sind. Der Heilige Geist wird auf die Jünger ausgegossen. Als Petrus predigt, strömt das Volk zusammen, und 3000 Menschen kommen zum Glauben. (Apg.2,1-41)

3 Die Gläubigen treffen sich täglich. Sie sind „ein Herz und eine Seele". (Apg.2,42-47)

4 Am „Schönen Tor" des Tempels heilen Petrus und Johannes einen Gelähmten. Als sie anschließend predigen, werden sie festgenommen. (Apg.3,1-4,4)

5 Der Hohe Rat verwarnt sie: Sie sollen nicht von Jesus reden. (Apg.4,5-22)

6 Die Gläubigen treffen sich regelmäßig im Tempel in der Halle Salomos. Ihre Zahl nimmt ständig zu. (Apg.5,12-16)

7 Die Apostel werden festgenommen und ins Gefängnis geworfen. Noch in derselben Nacht werden sie durch einen Engel befreit. Am frühen Morgen predigen sie im Tempel. (Apg.5,17-33)

8 Sie werden vor den Hohen Rat zitiert und ausgepeitscht. Man verbietet ihnen noch einmal ausdrücklich, von Jesus zu predigen. (Apg.5,34-42)

9 Die Gemeinde wählt sieben Diakone, die sich um die Verteilung von Lebensmitteln an die Armen kümmern sollen. Einer von ihnen, Stephanus, wird später festgenommen und zu Tode gesteinigt. Dies ist der Anfang einer brutalen Verfolgungswelle. Die Christen werden verstreut. (Apg.6,1-8,4)

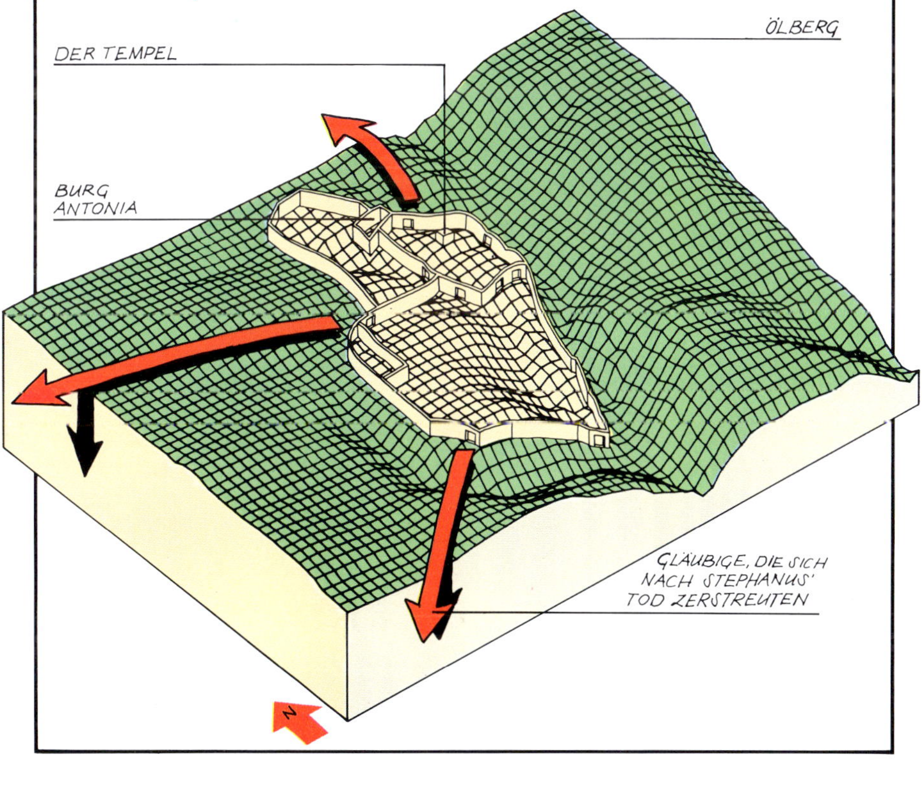

Die Gute Nachricht breitet sich aus

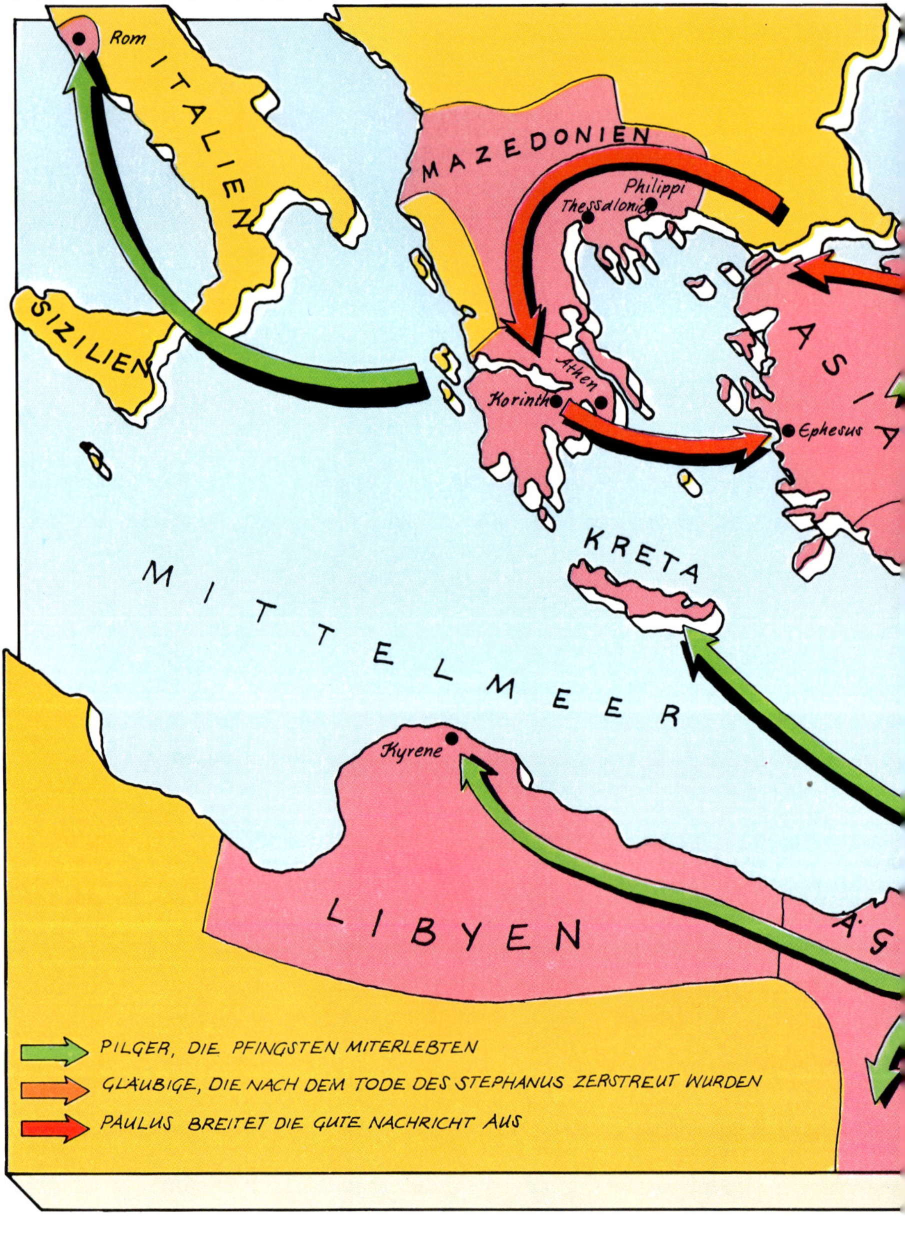

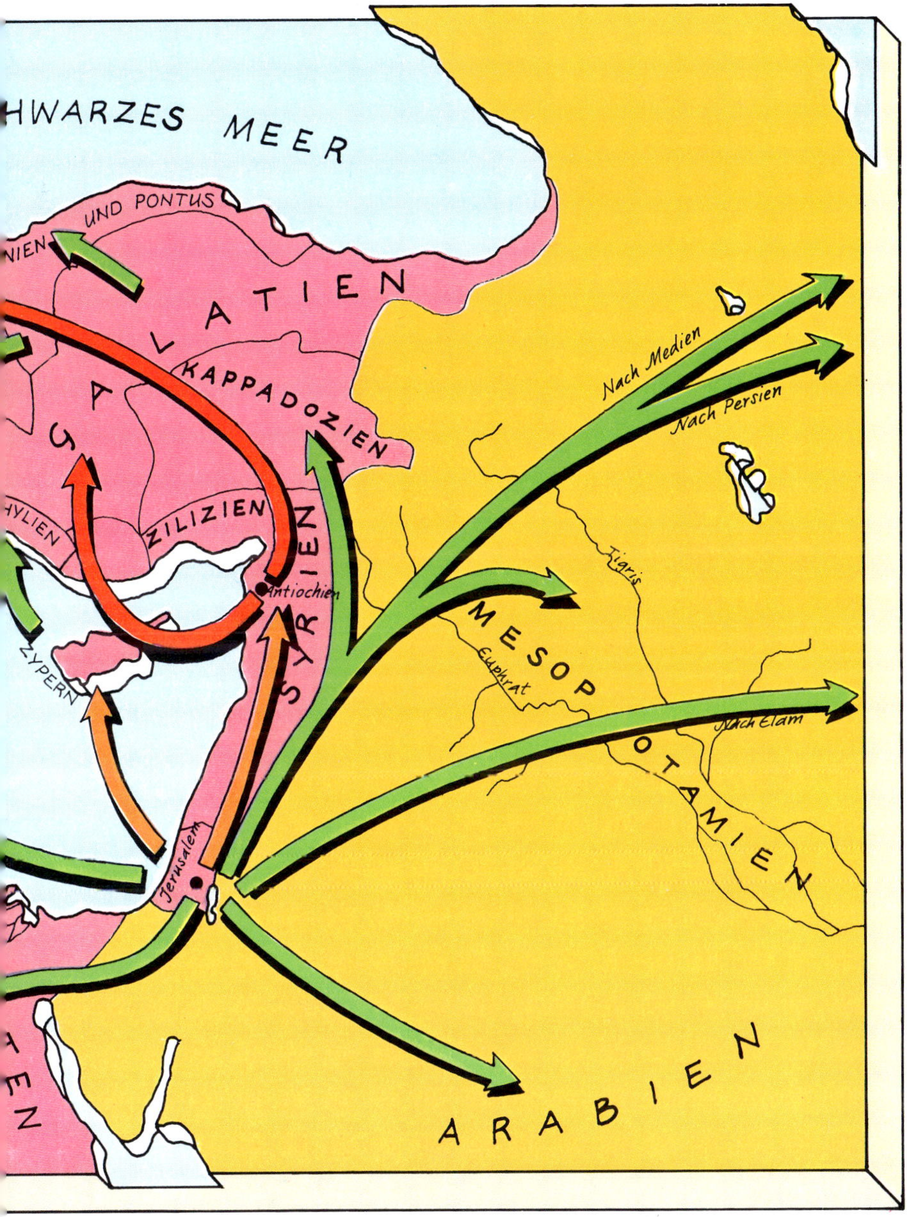
HWARZES MEER
UND PONTUS
NIEN
GALATIEN
KAPPADOZIEN
ZILIZIEN
HYLIEN
SYRIEN
Antiochien
ZYPERN
Jerusalem
Nach Medien
Nach Persien
Tigris
MESOPOTAMIEN
Euphrat
Nach Elam
ARABIEN

Philippus

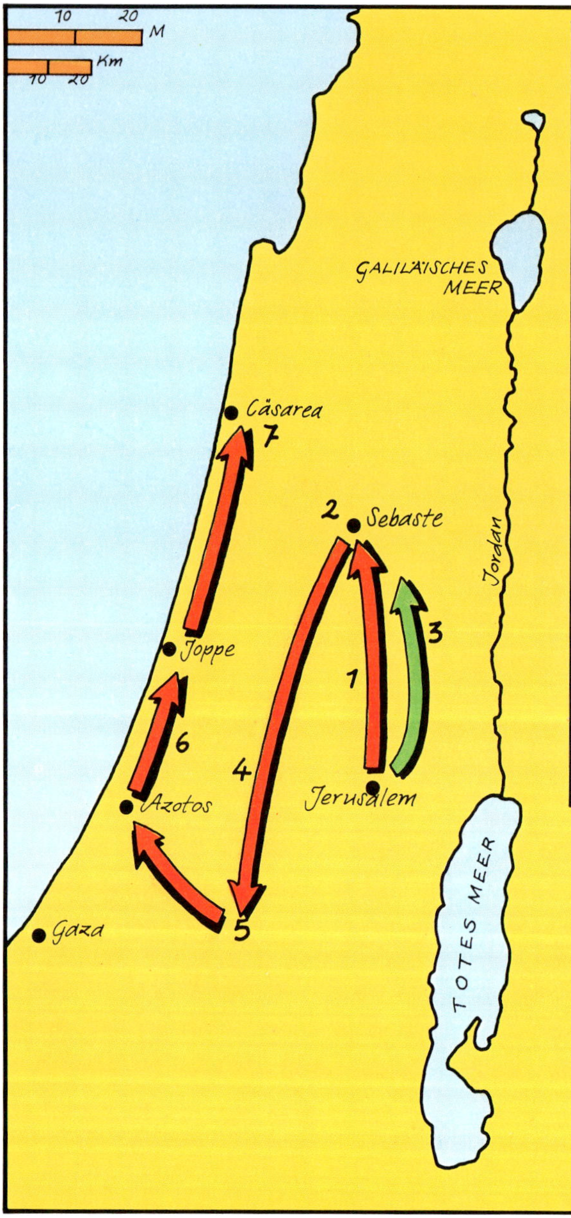

Nach der Steinigung des Stephanus wurden die Gläubigen aus Jerusalem vertrieben. Der Bericht über Philippus zeigt beispielhaft, wie sie jede Gelegenheit nutzten, um die Gute Nachricht auszubreiten.

1 Philippus, einer der sieben Diakone der Jerusalemer Gemeinde, kommt in die Hauptstadt Samaria (Sebaste). (Apg.8,5)

2 Er predigt von Jesus und heilt. Simon, ein berühmter Zauberer, kommt zum Glauben. (Apg.8,6-13)

3 In Jerusalem ist man erstaunt darüber, daß die von den Juden verachteten Samaritaner Christen geworden sind. Johannes und Petrus sollen in Samaria nach dem Rechten sehen. (Apg.8,14-17)

4 Philippus wird an die abgelegene Straße von Jerusalem nach Gaza geschickt. (Apg.8,26)

5 Dort trifft er den Schatzmeister der Königin von Äthiopien, der von einer Pilgerfahrt heimkehrt. Philippus erzählt ihm von Jesus, und dieser läßt sich taufen. (Apg.8,27-39)

6 Philippus reist weiter nach Norden. Er predigt in jeder Stadt, durch die er kommt. (Apg.8,40)

7 Er erreicht Cäsarea, wo er sich später mit seiner Frau und seinen Töchtern niederläßt. (Apg.21,8-9)

Gemeinde in Antiochien

Antiochien war die drittgrößte Stadt des Römischen Reiches. Hier entstand eine große und sehr lebendige heidenchristliche Gemeinde.

1 Verfolgte Christen kommen nach Antiochien. (Apg.8,1-4)

2 Sie wenden sich mit dem Evangelium zunächst ausschließlich an Juden. (Apg.11,19)

3 Andere Christen aus Zypern und Nordafrika wenden sich auch an die Heiden. (Apg.11,20-21)

4 Die Gemeinde in Jerusalem schickt Barnabas, einen vertrauenswürdigen Mann, nach Antiochien, der die Entwicklung begutachten soll. (Apg.11,22)

5 Barnabas erkennt, daß Gott hier am Wirken ist. Zusammen mit Saulus aus Tarsus bleibt er in Antiochien, um zu lehren. (Apg.11,23-30)

6 In Antiochien werden die Gläubigen zum erstenmal „Christen" genannt.

7 **Kleine Karte:** Die Gemeinde in Antiochien wächst rasch. Die Gläubigen sammeln Geld, um die Christen in Jerusalem zu unterstützen. (Apg.11,27-30)

8 Paulus und Barnabas werden von der Gemeinde in Antiochien als Missionare ausgesandt. (Apg.13,1-3)

Ein Blick auf die Namen der Gemeindeleiter verdeutlicht, wie groß das Völkergemisch in der Stadt Antiochien war (Apg.13,1):
Barnabas – ein Jude aus Zypern.
Simon – (genannt der Schwarze) vermutlich aus Afrika.
Luzius – aus Kyrene, einer nordafrikanischen Stadt.
Manaën – Pflegebruder des Herodes Antipas.
Saulus – ein Jude aus der römischen Stadt Tarsus, später als „Apostel Paulus" bekannt.

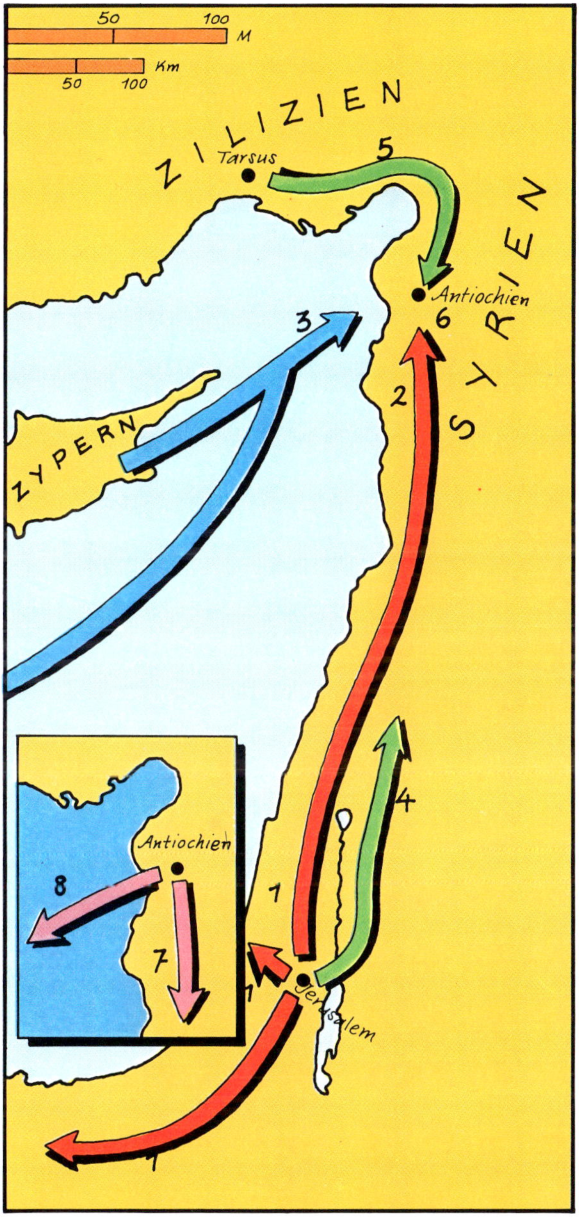

Reisewege in der römischen Welt

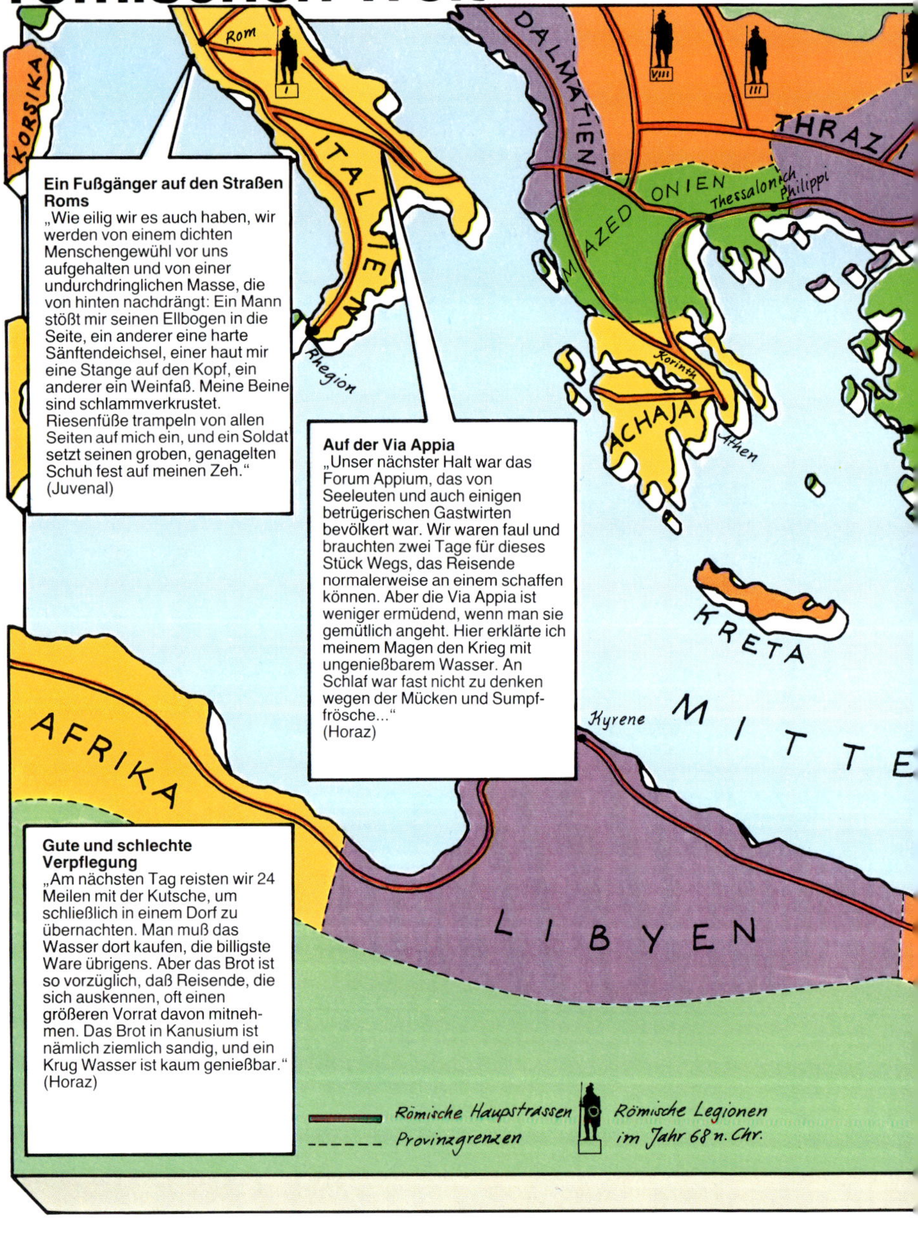

Ein Fußgänger auf den Straßen Roms
„Wie eilig wir es auch haben, wir werden von einem dichten Menschengewühl vor uns aufgehalten und von einer undurchdringlichen Masse, die von hinten nachdrängt: Ein Mann stößt mir seinen Ellbogen in die Seite, ein anderer eine harte Sänftendeichsel, einer haut mir eine Stange auf den Kopf, ein anderer ein Weinfaß. Meine Beine sind schlammverkrustet. Riesenfüße trampeln von allen Seiten auf mich ein, und ein Soldat setzt seinen groben, genagelten Schuh fest auf meinen Zeh."
(Juvenal)

Auf der Via Appia
„Unser nächster Halt war das Forum Appium, das von Seeleuten und auch einigen betrügerischen Gastwirten bevölkert war. Wir waren faul und brauchten zwei Tage für dieses Stück Wegs, das Reisende normalerweise an einem schaffen können. Aber die Via Appia ist weniger ermüdend, wenn man sie gemütlich angeht. Hier erklärte ich meinem Magen den Krieg mit ungenießbarem Wasser. An Schlaf war fast nicht zu denken wegen der Mücken und Sumpffrösche..."
(Horaz)

Gute und schlechte Verpflegung
„Am nächsten Tag reisten wir 24 Meilen mit der Kutsche, um schließlich in einem Dorf zu übernachten. Man muß das Wasser dort kaufen, die billigste Ware übrigens. Aber das Brot ist so vorzüglich, daß Reisende, die sich auskennen, oft einen größeren Vorrat davon mitnehmen. Das Brot in Kanusium ist nämlich ziemlich sandig, und ein Krug Wasser ist kaum genießbar."
(Horaz)

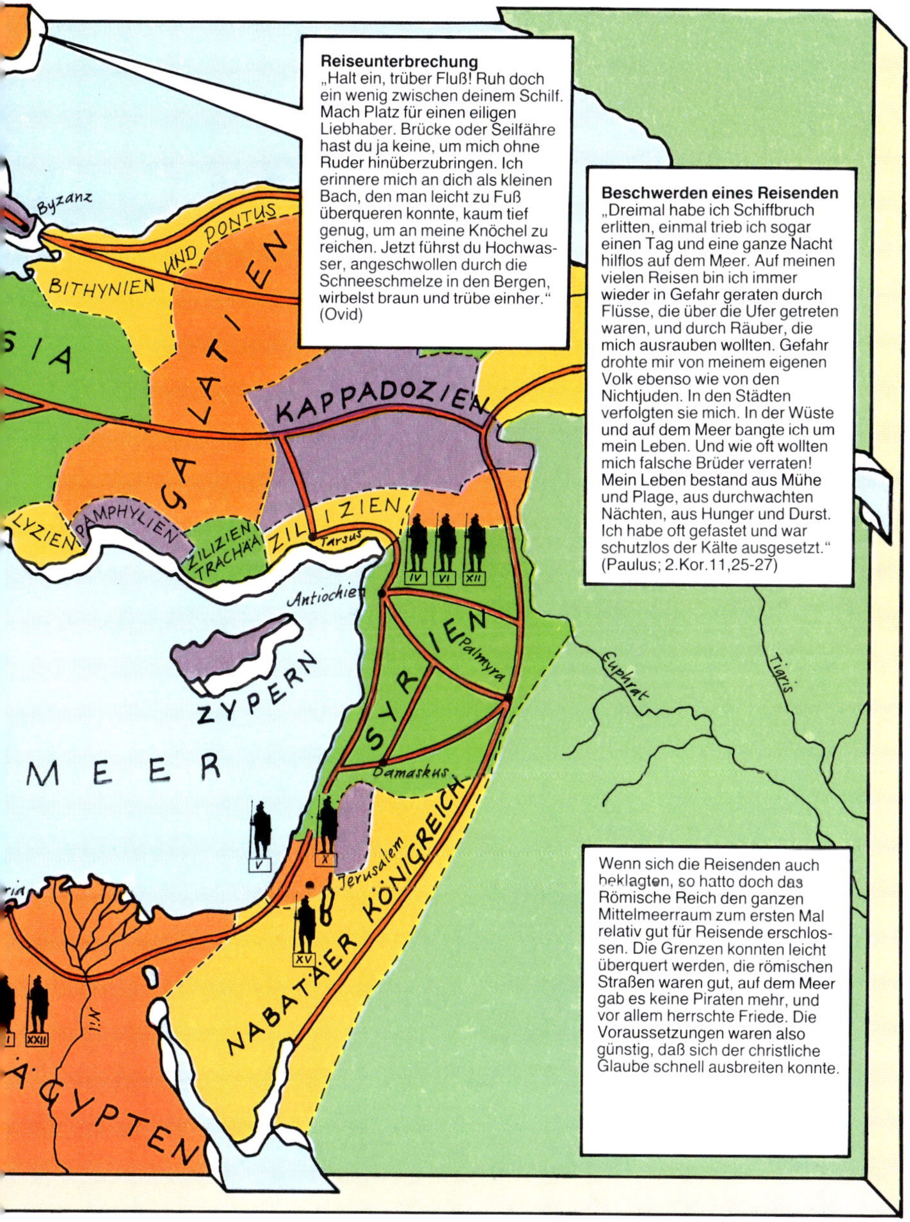

Reiseunterbrechung
„Halt ein, trüber Fluß! Ruh doch ein wenig zwischen deinem Schilf. Mach Platz für einen eiligen Liebhaber. Brücke oder Seilfähre hast du ja keine, um mich ohne Ruder hinüberzubringen. Ich erinnere mich an dich als kleinen Bach, den man leicht zu Fuß überqueren konnte, kaum tief genug, um an meine Knöchel zu reichen. Jetzt führst du Hochwasser, angeschwollen durch die Schneeschmelze in den Bergen, wirbelst braun und trübe einher." (Ovid)

Beschwerden eines Reisenden
„Dreimal habe ich Schiffbruch erlitten, einmal trieb ich sogar einen Tag und eine ganze Nacht hilflos auf dem Meer. Auf meinen vielen Reisen bin ich immer wieder in Gefahr geraten durch Flüsse, die über die Ufer getreten waren, und durch Räuber, die mich ausrauben wollten. Gefahr drohte mir von meinem eigenen Volk ebenso wie von den Nichtjuden. In den Städten verfolgten sie mich. In der Wüste und auf dem Meer bangte ich um mein Leben. Und wie oft wollten mich falsche Brüder verraten! Mein Leben bestand aus Mühe und Plage, aus durchwachten Nächten, aus Hunger und Durst. Ich habe oft gefastet und war schutzlos der Kälte ausgesetzt." (Paulus; 2.Kor.11,25-27)

Wenn sich die Reisenden auch beklagten, so hatte doch das Römische Reich den ganzen Mittelmeerraum zum ersten Mal relativ gut für Reisende erschlossen. Die Grenzen konnten leicht überquert werden, die römischen Straßen waren gut, auf dem Meer gab es keine Piraten mehr, und vor allem herrschte Friede. Die Voraussetzungen waren also günstig, daß sich der christliche Glaube schnell ausbreiten konnte.

Die Reisen des Petrus

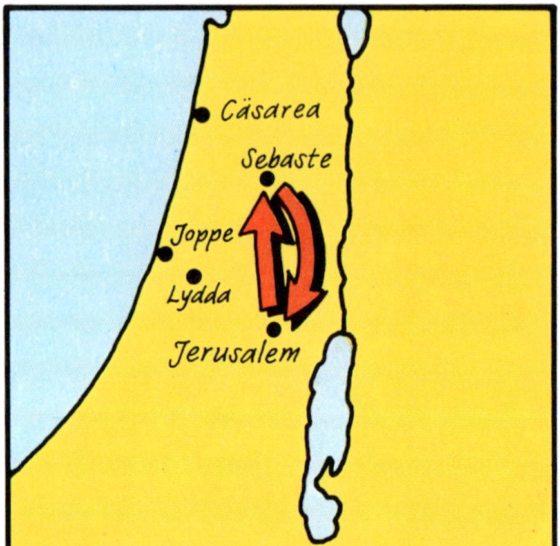

1 Am Pfingsttag predigt Petrus, und 3000 Menschen kommen zum Glauben. (Apg.2,14-42)
2 Petrus heilt einen Gelähmten, wird zusammen mit Johannes verhaftet und bekommt Predigtverbot. (Apg.3,1-4,22)
3 Zu diesem Zeitpunkt gehört Petrus zur Leitung der Gemeinde in Jerusalem.
4 Petrus und Johannes folgen Philippus nach Samarien. (Apg.8,4-22)
5 Auf der Rückreise predigen sie in den Dörfern der Samaritaner. (Apg.8,25)

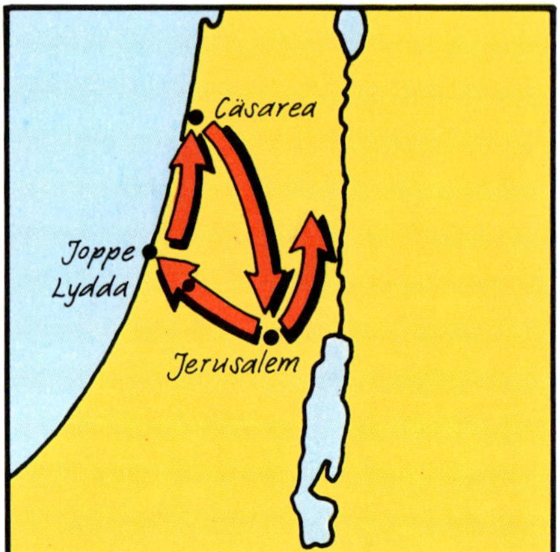

6 Petrus geht nach Lydda und weiter nach Joppe, wo er Tabea auferweckt. (Apg.9,32-43)
7 Der Hauptmann Kornelius in Cäsarea bittet Petrus um einen Besuch. Petrus sieht darin Gottes Auftrag. Heiden werden gläubig. (Apg.10)
8 Die Jerusalemer Gemeinde erkennt, daß das Evangelium auch für Heiden gilt. (Apg.11,1-18)
9 Petrus wird gefangengenommen und wunderbar befreit. Er flieht. (Apg.12,1-19)
10 Petrus spricht auf dem Apostelkonzil. (Apg.15,1-21) Jakobus ist offenbar nun das Haupt der Jerusalemer Gemeinde.

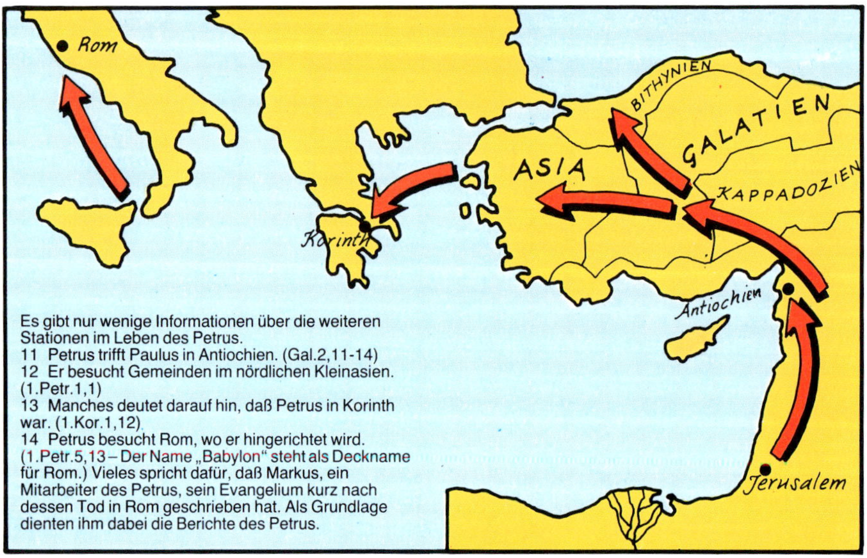

Es gibt nur wenige Informationen über die weiteren Stationen im Leben des Petrus.
11 Petrus trifft Paulus in Antiochien. (Gal.2,11-14)
12 Er besucht Gemeinden im nördlichen Kleinasien. (1.Petr.1,1)
13 Manches deutet darauf hin, daß Petrus in Korinth war. (1.Kor.1,12)
14 Petrus besucht Rom, wo er hingerichtet wird. (1.Petr.5,13 – Der Name „Babylon" steht als Deckname für Rom.) Vieles spricht dafür, daß Markus, ein Mitarbeiter des Petrus, sein Evangelium kurz nach dessen Tod in Rom geschrieben hat. Als Grundlage dienten ihm dabei die Berichte des Petrus.

9
MIT PAULUS UNTERWEGS

Saulus oder Paulus, wie er auch genannt wurde, stammte aus Tarsus. Er hatte die römische Staatsbürgerschaft, lebte jedoch als strenger Pharisäer in Jerusalem. Die junge Kirche fürchtete besonders seinen Eifer, mit dem er den Glauben an Jesus bekämpfte. Seine plötzliche Bekehrung machte viele Christen zunächst argwöhnisch: War dies nur eine neue Taktik?

Aber Paulus war durch seine Begegnung mit dem auferstandenen und lebendigen Christus ein anderer Mensch geworden. Er wurde zum Heidenapostel, der die Botschaft von Jesus bis in den kaiserlichen Palast in Rom brachte. Über zwanzig Jahre war er unterwegs: Er predigte, gründete christliche Gemeinden, ermutigte und lehrte sie. Seine Briefe sind ein wichtiger Bestandteil des Neuen Testaments.

Mit Paulus unterwegs

Zu Kapitel 9 gehören folgende Karten:

- **Die Bekehrung des Paulus** (S. 111). Paulus, ein fanatischer Verfolger der Christen, begegnet Jesus auf dem Weg nach Damaskus. (Im Jahre 34/35 n.Chr.)
- **Der Heidenapostel** (S. 112). Vierzehn Jahre liegen zwischen seiner Bekehrung und der ersten Missionsreise nach Kleinasien.
- **Die Reise zu den Galatern** (S. 113). Im Jahre 46/47 n.Chr. werden Paulus und Barnabas in die römische Provinz Galatien gesandt, um dort die Gute Nachricht zu verkündigen.
- **Die Reise nach Griechenland** (S. 114). Paulus und Silas reisen durch die heutige Türkei nach Griechenland. Unterwegs gründen sie Gemeinden. Diese Missionsreise dauert von 48-51 n.Chr.
- **Der „Fall Korinth"** (S. 116). Es gibt Schwierigkeiten in der korinthischen Gemeinde. Voll Sorge macht sich Paulus in den Jahren 53-59 n.Chr. erneut auf den Weg.
- **Nach Jerusalem** (S. 118). Trotz der Warnungen seiner Freunde reist Paulus nach Jerusalem.
- **„Ich berufe mich auf den Kaiser!"** (S. 119). Paulus wird bei einem Aufruhr festgenommen, den seine Gegner angezettelt haben. Nach zweijähriger Haft soll ihm in Rom vor dem Kaiser der Prozeß gemacht werden.
- **Sturm und Schiffbruch** (S. 120). Auf ihrer Schiffsreise nach Rom geraten sie in ein heftiges Unwetter.
- **„Und so kamen wir nach Rom"** (S. 121). Paulus steht in Rom als Gefangener des Kaisers unter Hausarrest.
- **Briefe an junge Gemeinden** (S. 122). Die meisten der neutestamentlichen Briefe sind von Paulus geschrieben worden. Die Karte zeigt ihre Bestimmungsorte.
- **Ein bewährter Mitarbeiter** (S. 123). Paulus schickt seinen Mitarbeiter Titus in Gemeinden, in denen es Schwierigkeiten gibt.
- **Letzte Spuren** (S. 124). Nach seiner Romreise kam Paulus wahrscheinlich noch einmal für kurze Zeit frei.

Neuigkeiten nach der Bekehrung des Paulus:
„Der Mann, der uns früher verfolgt hat, predigt nun den Glauben, den er einst zerstören wollte."

Paulus über sich selbst:
„Ich bin der Geringste unter allen Aposteln – ich verdiene nicht einmal, ein Apostel genannt zu werden, denn ich habe Gottes Gemeinde verfolgt. Aber durch Gottes Gnade bin ich, was ich bin, und die Gnade, die er mir gegeben hat, war nicht wirkungslos."

Paulus kurz vor seinem Tod an Timotheus:
„Ich habe den guten Kampf gekämpft, ich habe den Lauf vollendet, ich habe Glauben gehalten. Nun liegt mir die Krone der Gerechtigkeit bereit, die der Herr, der gerechte Richter, mir an jenem Tag zum Lohn geben wird – und nicht nur mir, sondern allen, die sich nach seinem Kommen sehnen."

Bekehrung des Paulus

Das Leben des Paulus bis zu seiner Bekehrung.

1 Saulus (später Paulus genannt) wird als römischer Bürger in Tarsus geboren – einer bedeutenden römischen Stadt. (Apg.22,25-29)

2 Er kommt als junger Mann nach Jerusalem und wird von dem berühmten Lehrer und Pharisäer Gamaliel unterwiesen. (Apg.22,3)

3 Als Stephanus um seines Glaubens willen gesteinigt wird, bewacht Saulus die Mäntel derer, die Stephanus steinigen. Saulus wird zu einem fanatischen Christenverfolger. (Apg.26,9-11) Dafür reist er sogar bis in fremde Städte.

4 Saulus will auch in Damaskus Christen gefangennehmen. Kurz vor der Stadt begegnet ihm Jesus in einer Erscheinung. Er hört eine Stimme: „Saul, Saul, warum verfolgst du mich?"

5 In der Stadt wird Saulus von dem Christen Ananias besucht. Saulus läßt sich taufen. (Apg.9,1-19)

6 Paulus bleibt drei Jahre lang in Damaskus und predigt in den Synagogen. Nach einem Aufenthalt in der arabischen Wüste (Apg.9,19-22; Gal.1,15-17) kehrt er nach Damaskus zurück.

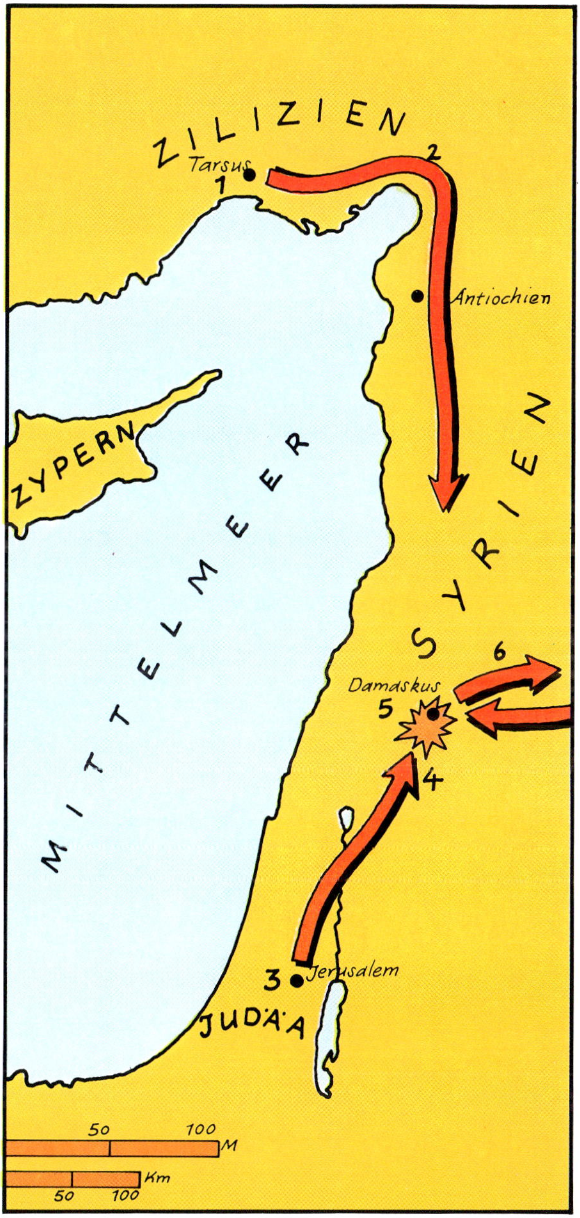

Der Heidenapostel

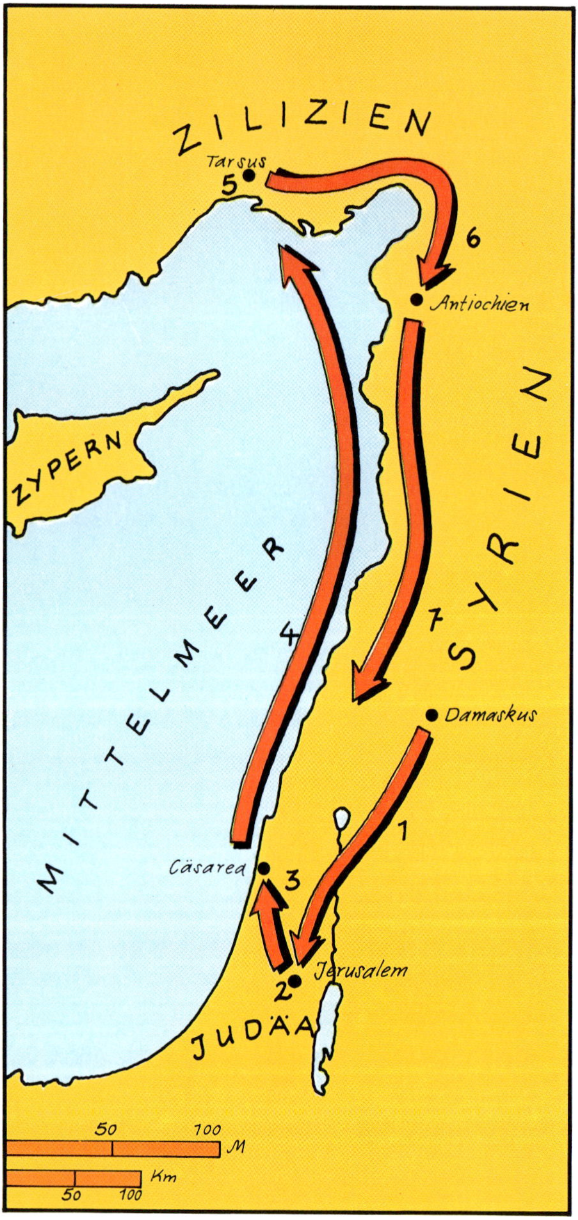

Die Zeit zwischen Damaskus und der 1. Missionsreise.

1 Drei Jahre nach seiner Bekehrung entgeht Paulus nur knapp einem Attentat. Er flieht nach Jerusalem. (Apg.9,23-25)

2 Dort will er sich den Christen anschließen. Die Gläubigen sind zwar mißtrauisch, aber Barnabas führt ihn in die Gemeinde ein. Nach zwei Wochen muß er erneut fliehen, da einige Juden ihm nach dem Leben trachten. (Apg.9,26-29; Gal.1,18-20)

3 Paulus wird nach Cäsarea gebracht. (Apg.9,30)

4 Von dort aus kehrt er in seine Heimatstadt Tarsus zurück. (Apg.9,30)

5 Er lebt zehn Jahre in Tarsus. Während dieser Zeit besucht er Orte in Syrien und Zilizien. Zu dieser Zeit kennen ihn die Gläubigen in Judäa noch nicht persönlich. (Gal.1,21-24)

6 Barnabas kommt nach Tarsus und holt Paulus nach Antiochien. Dort arbeiten sie ein Jahr lang zusammen. (Apg.11,25-26)

7 Paulus, Barnabas und Titus bringen Geldspenden für notleidende Brüder nach Jerusalem. Sie treffen sich privat mit den Gemeindeleitern. Trotz einiger Meinungsverschiedenheiten erkennen die Leiter die Missionsarbeit des Paulus unter den Heiden an. (Apg.11,27-30; Gal.2,1-10)

Die Reise zu den Galatern

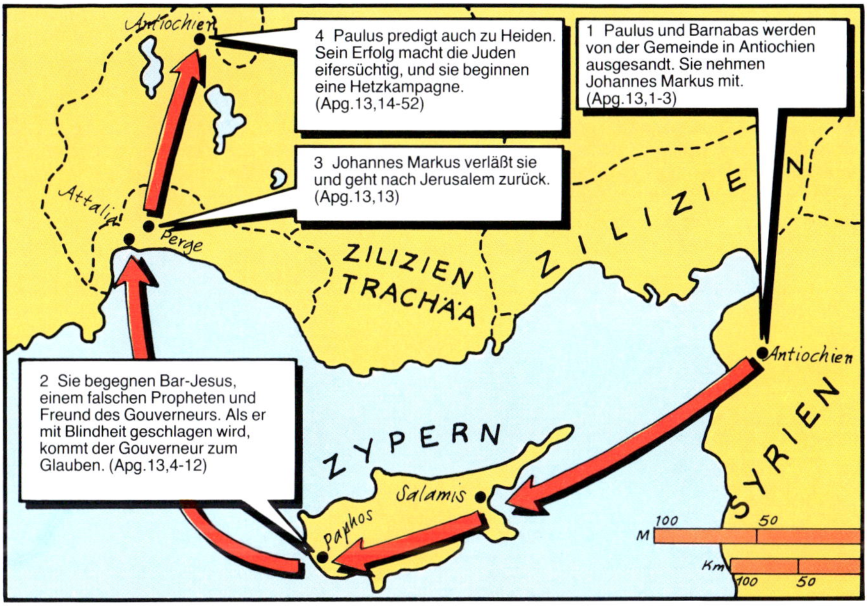

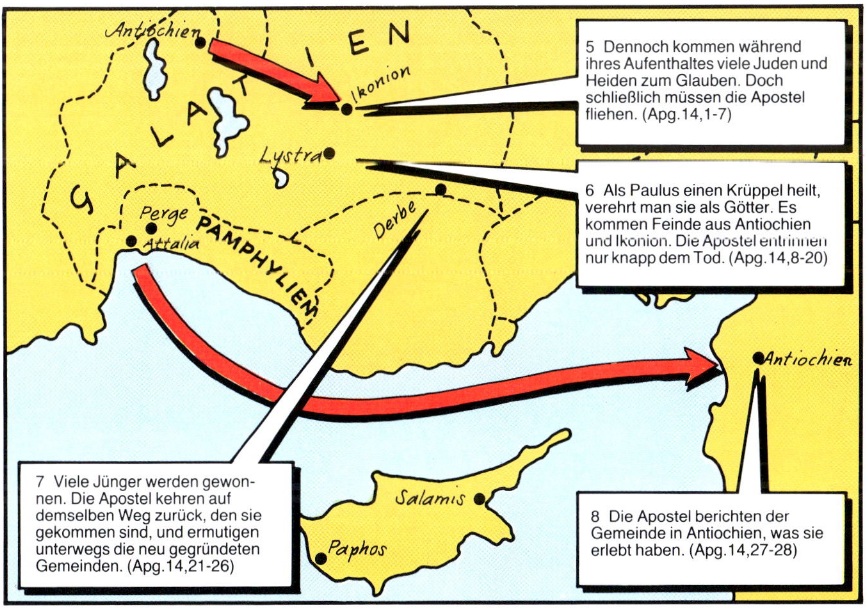

Reise nach Griechenland

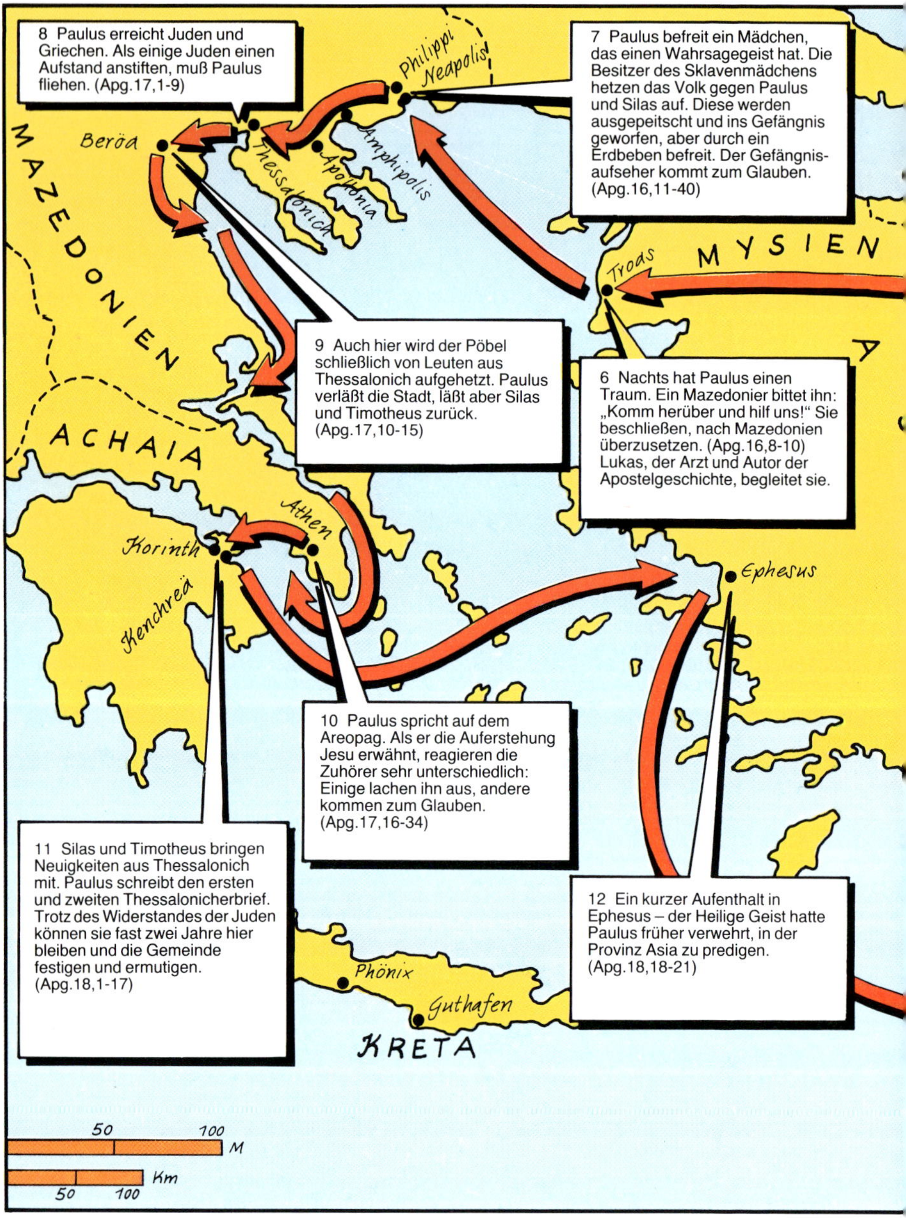

1 Paulus und Barnabas wollen erneut die galatischen Gemeinden besuchen. Aber sie können sich nicht einigen, ob Johannes Markus mitkommen soll, der sie bei der letzten Reise verlassen hat. (Apg.15,36-38)
2 Sie trennen sich: Barnabas nimmt Markus mit nach Zypern. (Apg.15,39)
3 Paulus nimmt Silas mit. In Derbe und Lystra bittet er Timotheus, sie zu begleiten. (Apg.16,1-3)
4 Sie teilen den heidenchristlichen Gemeinden mit, wie das Apostelkonzil in Jerusalem über die Bedeutung des Gesetzes entschieden hat. (Apg.16,4-5)
5 Paulus versucht, nach Bithynien hineinzugehen, wird aber vom Heiligen Geist gehindert. (Apg.16,6-7)
13 Paulus reist zurück nach Antiochien, nachdem er in Cäsarea und Jerusalem war. (Apg.18,22)
GALATIEN
EN UND PONTUS
PHRYGIEN
KAPPADOZIEN
Antiochien
Ikonion
Lystra
Derbe
ZILIZIEN
Tarsus
PAMPHYLIEN
ZILIZIEN TRACHÄA
Antiochien
SYRIEN
Salamis
Paphos
ZYPERN

Der „Fall Korinth“

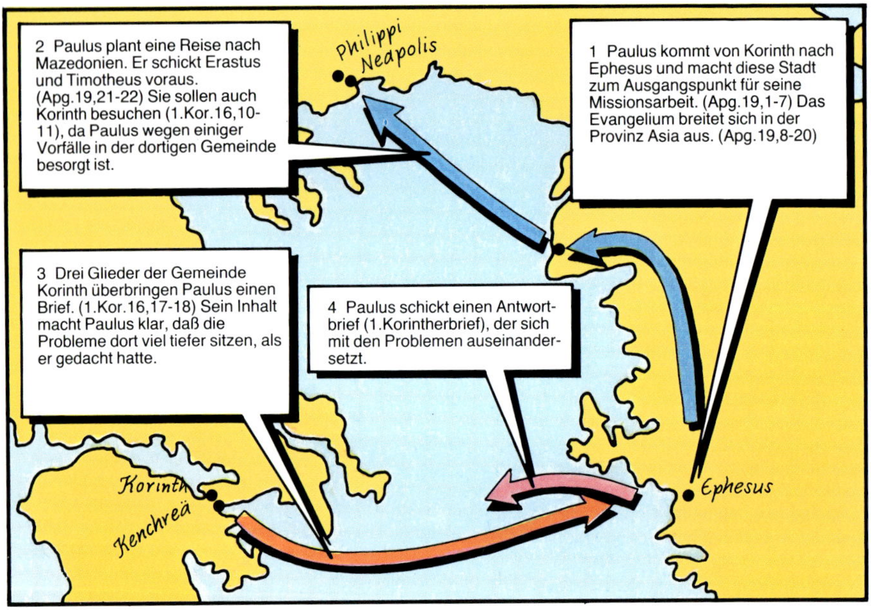

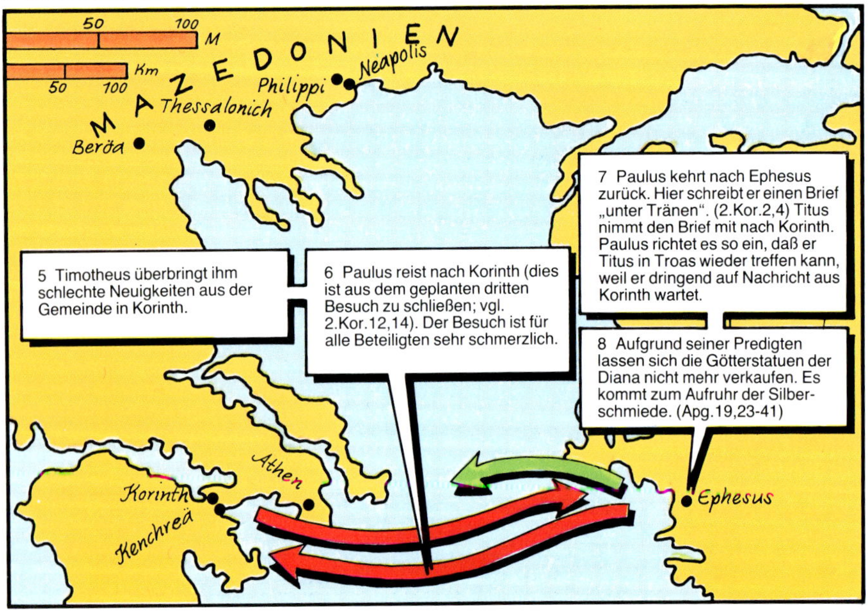

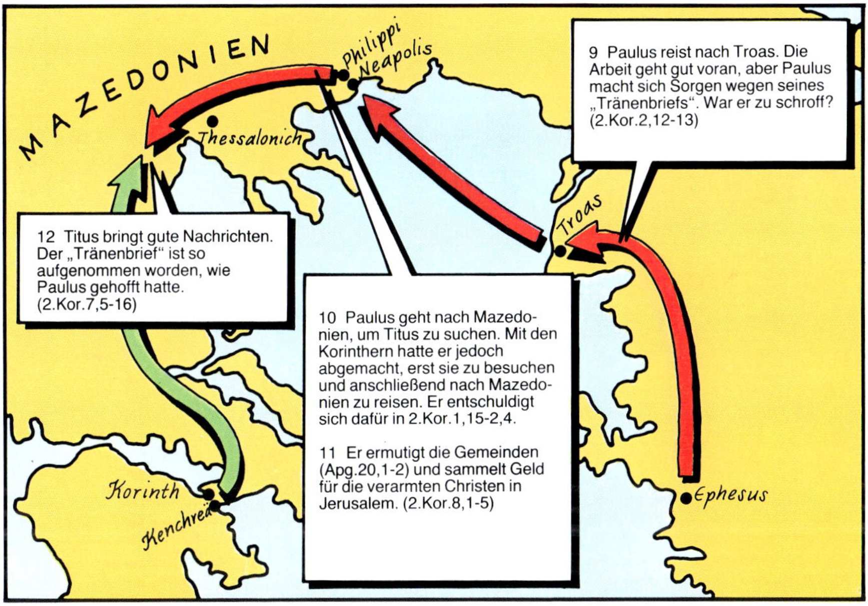
MAZEDONIEN
Philippi
Neapolis
Thessalonich
Troas
Korinth
Kenchreä
Ephesus
9 Paulus reist nach Troas. Die Arbeit geht gut voran, aber Paulus macht sich Sorgen wegen seines „Tränenbriefs“. War er zu schroff? (2.Kor.2,12-13)
10 Paulus geht nach Mazedonien, um Titus zu suchen. Mit den Korinthern hatte er jedoch abgemacht, erst sie zu besuchen und anschließend nach Mazedonien zu reisen. Er entschuldigt sich dafür in 2.Kor.1,15-2,4.
11 Er ermutigt die Gemeinden (Apg.20,1-2) und sammelt Geld für die verarmten Christen in Jerusalem. (2.Kor.8,1-5)
12 Titus bringt gute Nachrichten. Der „Tränenbrief“ ist so aufgenommen worden, wie Paulus gehofft hatte. (2.Kor.7,5-16)

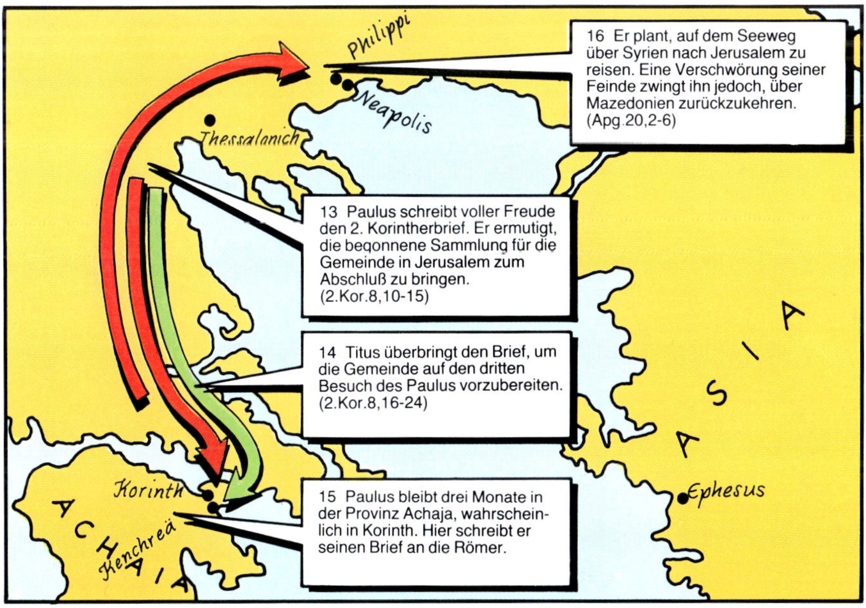
Philippi
Neapolis
Thessalonich
ASIA
Ephesus
ACHAIA
Korinth
Kenchreä
13 Paulus schreibt voller Freude den 2. Korintherbrief. Er ermutigt, die begonnene Sammlung für die Gemeinde in Jerusalem zum Abschluß zu bringen. (2.Kor.8,10-15)
14 Titus überbringt den Brief, um die Gemeinde auf den dritten Besuch des Paulus vorzubereiten. (2.Kor.8,16-24)
15 Paulus bleibt drei Monate in der Provinz Achaja, wahrscheinlich in Korinth. Hier schreibt er seinen Brief an die Römer.
16 Er plant, auf dem Seeweg über Syrien nach Jerusalem zu reisen. Eine Verschwörung seiner Feinde zwingt ihn jedoch, über Mazedonien zurückzukehren. (Apg.20,2-6)

Nach Jerusalem

Paulus will zum bevorstehenden Pfingstfest in Jerusalem sein.

1 Paulus kommt aus Philippi. Bei seiner Abschiedspredigt fällt ein junger Mann aus dem Fenster im dritten Stock. Aber er wird wieder lebendig. (Apg.20,7-12)

2 Älteste der Gemeinde in Ephesus treffen sich mit Paulus. Er rechnet damit, sie nicht wiederzusehen. (Apg.20,17-38)

3 Bei Patara steigen die Reisenden auf ein anderes Schiff um. (Apg.21,1-2)

4 Sie wohnen im Hause des Evangelisten Philippus. Agabus kündet Paulus an, er würde in Jerusalem von den Juden gefangen und an die Heiden ausgeliefert werden. Trotzdem ist Paulus entschlossen, seinen Weg fortzusetzen. (Apg.21,8-14)

5 In Jerusalem wird Paulus von der Gemeinde begrüßt. (Apg.21,15-17)

Berufung auf den Kaiser

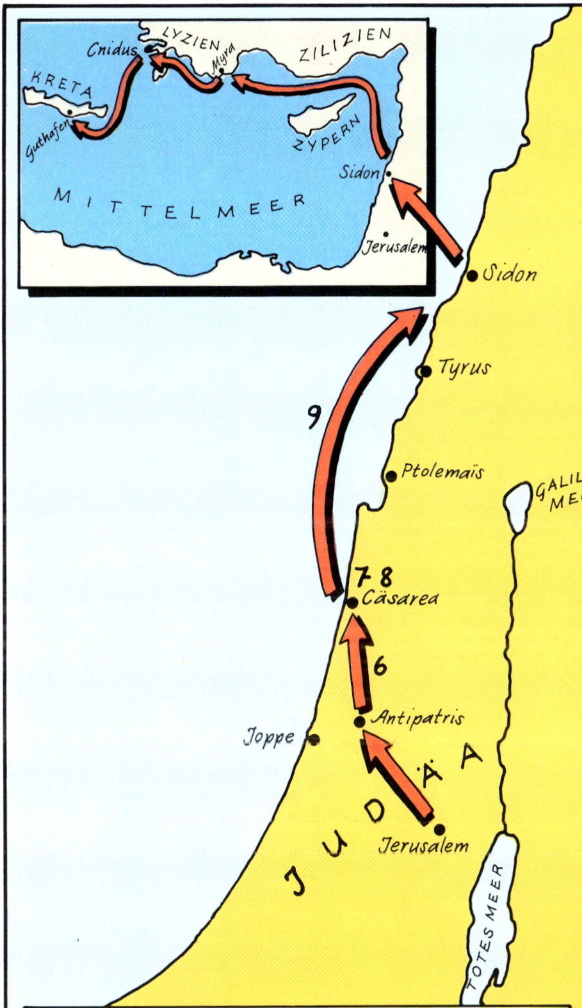

1 Paulus wird im Tempel von Juden aus der Provinz Asia erkannt. Der Pöbel drängt ihn hinaus und versucht ihn zu töten. (Apg.21,27-30)
2 Römische Soldaten nehmen ihn in Schutzhaft. Paulus darf zu seinen Landsleuten sprechen, sie fordern danach aber noch wütender seinen Tod. (Apg.21,31-22,22)
3 Er wird in die römische Festung gebracht. (Apg.22,23-30)

4 Am nächsten Tag verteidigt sich Paulus vor dem jüdischen Hohen Rat. Wieder kommt es zu Tumulten. Paulus wird in die Festung zurückgebracht. (Apg.23,1-11)
5 Vierzig Männer planen eine Verschwörung gegen Paulus. (Apg.23,12-15)
6 Der römische Befehlshaber hört davon. Noch in derselben Nacht schickt er Paulus mit stark bewaffneter Eskorte zum Gouverneur Felix nach Cäsarea. (Apg.23,16-35)
7 Paulus wird von Felix angehört, aber dieser will keine Entscheidung treffen. Als zwei Jahre später Festus an seine Stelle tritt, ist Paulus immer noch gefangen. (Apg.24)
8 Paulus wird genötigt, sich auf den Kaiser zu berufen. (Apg.25,1-22)
9 Paulus und seine Gefährten – einschließlich Lukas – machen sich auf den Weg nach Rom; Paulus unter strenger Bewachung. (Apg.27,1-6)

In Jerusalem				
Tempel 1	In der Stadt 2	Römische Festung 3	Hoher Rat 4	Römische Festung 5
1.TAG			2.TAG	3.TAG

Sturm und Schiffbruch

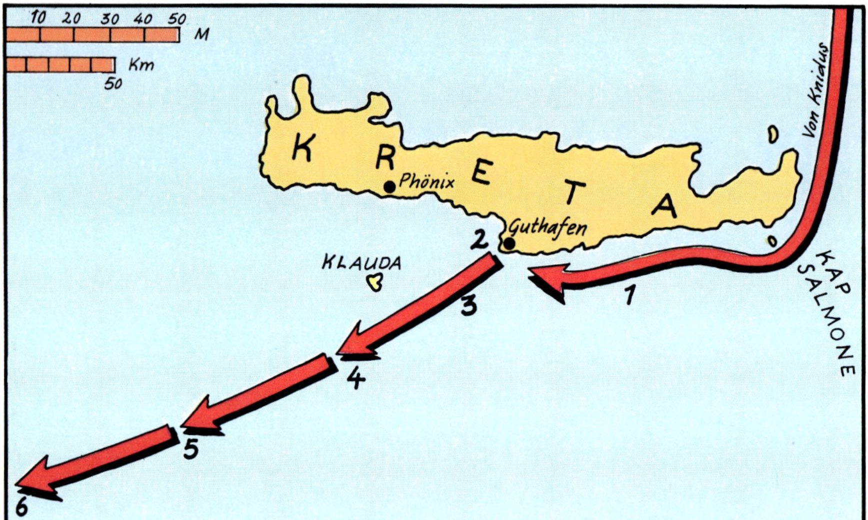

1 Bei schlechtem Wetter erreicht das Schiff mit Paulus an Bord Guthafen. (Apg.27,7-8)

2 Vor Beginn der Herbststürme möchte die Besatzung den besser geschützten Hafen von Phönix erreichen. (Apg.27,9-12)

3 Auf dem Weg nach Phönix treibt ein Sturm sie aufs offene Meer hinaus. (Apg.27,13-15)

4 Südlich von Klauda holen sie das Rettungsboot ein, raffen das Segel und lassen das Schiff treiben. (Apg.27,16-17)

5 Am nächsten Tag werfen sie die Ladung über Bord. (Apg.27,18)

6 Am folgenden Tag werfen sie auch das Schiffsgerät über Bord. (Apg.27,19)

7 **Kleine Karte:** Als man schon die Hoffnung aufgegeben hat, macht Paulus den Reisenden Mut. Das Schiff nähert sich einer Insel. (Apg.27,21-38)

8 Bei dem Versuch, eine flache Bucht zu erreichen, läuft das Schiff auf Grund und bricht auseinander. Alle kommen unversehrt an Land. (Apg.27,39-44)

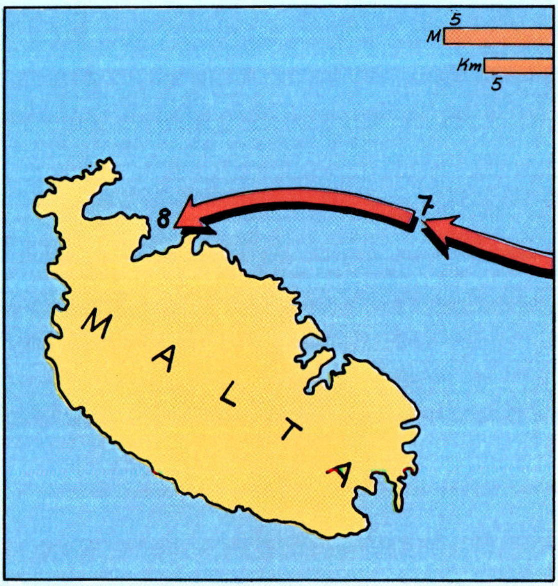

Nach Rom

1 Der Aufenthalt auf Malta dauert drei Monate. Paulus heilt den Vater des römischen Statthalters und andere Kranke. (Apg.28,1-10)

2 In Syrakus unterbrechen sie ihre Reise für drei Tage. (Apg.28,11-13)

3 Sie erreichen Puteoli, eine der größten Hafenstädte des Imperiums. Paulus und seine Freunde bleiben eine Woche in der dortigen Gemeinde. (Apg.28,14)

4 Dann begeben sie sich auf die 160 km weite Fahrt nach Rom. Paulus wird ermutigt, als Gläubige aus Rom ihm zur Begrüßung entgegenkommen. (Apg.28,15)

5 In Rom steht Paulus unter Hausarrest. Während er zwei Jahre auf seine Verhandlung wartet, mietet er ein Haus und hat weitgehend Freiheit zum Predigen. (Apg.28,16)

Briefe an die Gemeinden

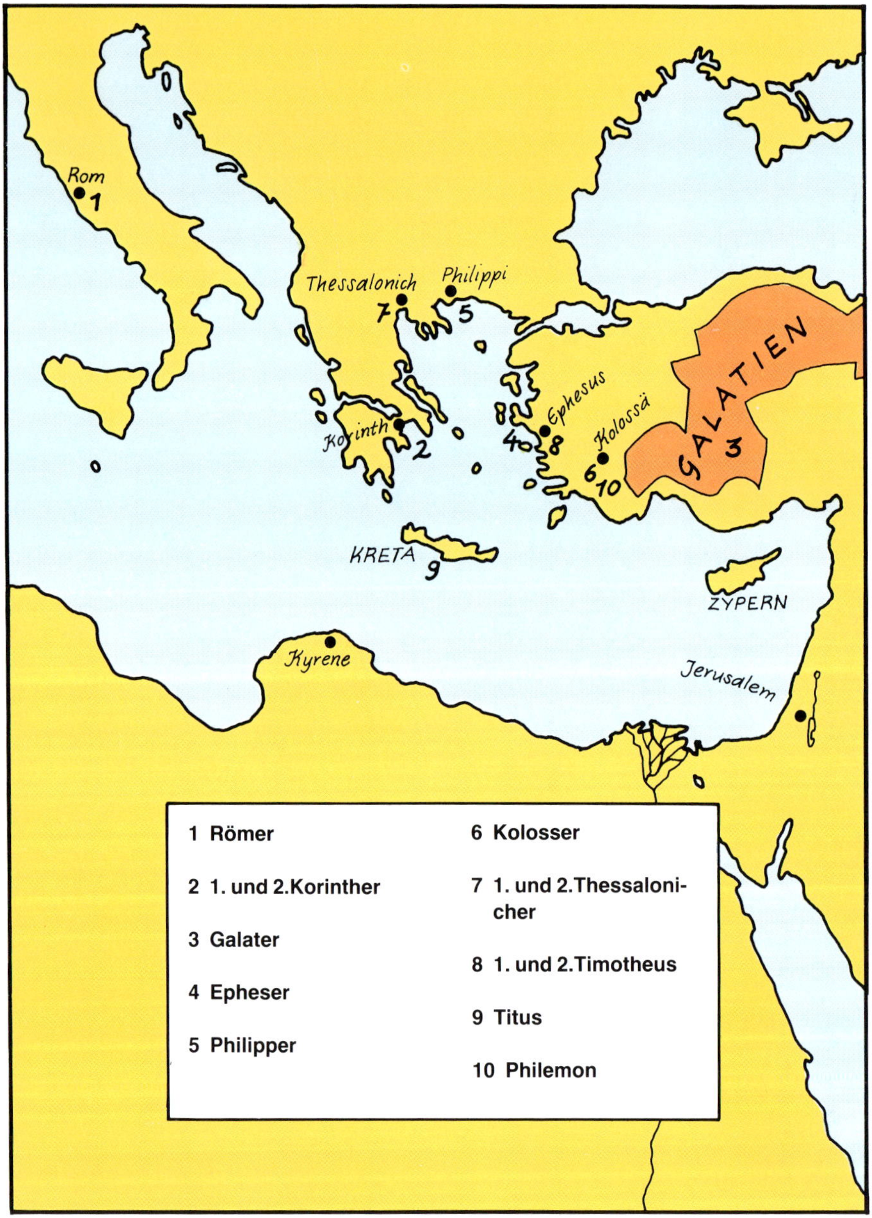

Ein bewährter Mitarbeiter

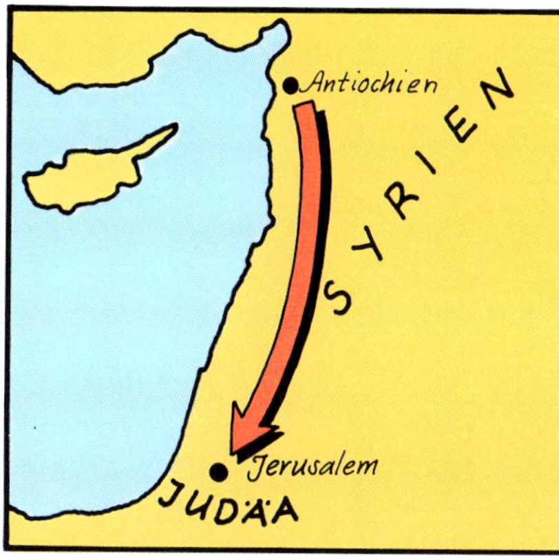

Titus war einer der engsten Mitarbeiter des Paulus. Während der Tätigkeit in Antiochien nahm Paulus neben Barnabas auch ihn mit nach Jerusalem. Dort sollte über die Bedeutung des Gesetzes für Heidenchristen entschieden werden. Titus war möglicherweise der einzige Grieche auf diesem Konzil. (Gal.2,1-5)

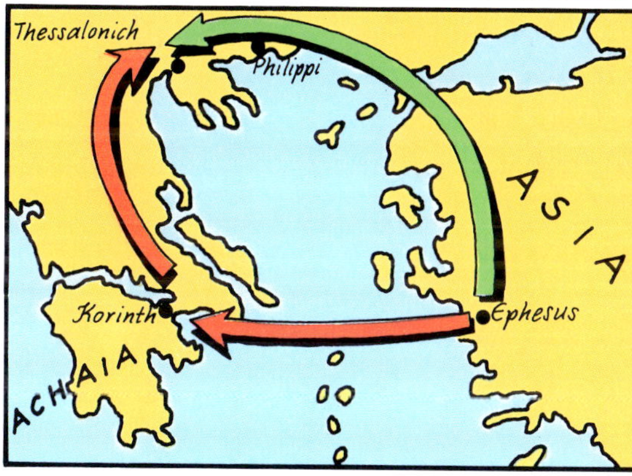

Titus überbrachte auch einen scharf abgefaßten Brief von Paulus an die Gemeinde in Korinth, der die Widerspenstigkeit der Korinther tadelte. Er sollte auch mündliche Anweisungen des Paulus in Korinth vorbringen. Als Paulus und Titus in Mazedonien zusammentrafen, konnte Titus Gutes berichten. (2.Kor.2,12-13; 7,5-16)

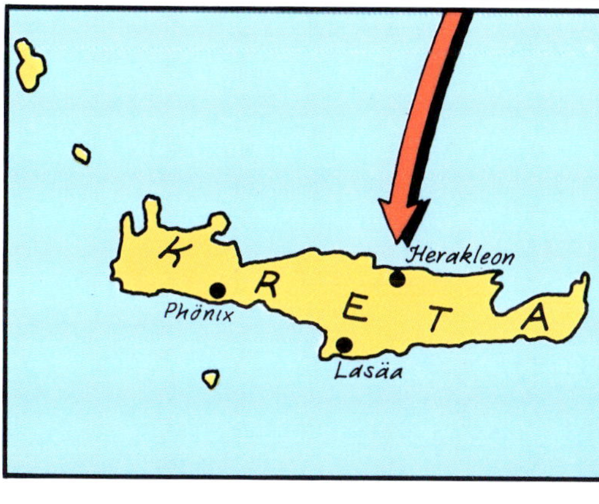

Paulus und Titus reisten nach Kreta. Dort ließ Paulus ihn zurück und schrieb ihm später aus Rom. In diesem Brief vertraute er Titus wieder eine schwierige Aufgabe an: Er sollte dem Streit und der üblen Nachrede in den Gemeinden ein Ende bereiten und die Christen mit allem Nachdruck zurechtweisen, um so die Ordnung wiederherzustellen.

Letzte Spuren

Drei Bücher des Neuen Testaments erlauben Rückschlüsse auf das weitere Wirken des Paulus nach seiner Ankunft in Rom. Es sind Briefe an junge Gemeindeleiter und Mitarbeiter des Paulus.

1.Timotheusbrief

Paulus ist frei, vermutlich nachdem der Hausarrest aufgehoben wurde, von dem am Ende der Apostelgeschichte berichtet wird. Kurz zuvor war er in Ephesus, fuhr dann weiter nach Mazedonien. Timotheus blieb jedoch weiter in Ephesus, um die Arbeit dort fortzuführen. (1.Tim.1,3)

Titusbrief

Diesen Brief schreibt Paulus ebenfalls in Freiheit. Man kann vermuten, daß er mit Titus nach Kreta gereist ist. Er kennt die örtlichen Verhältnisse, ist also vermutlich eine Zeitlang dort geblieben. Er läßt Titus zurück und bittet ihn um ein Treffen in Nikopolis, wo er den Winter verbringen will. (Titus 3,12) Nikopolis liegt auf dem Weg von Kreta nach Dalmatien. Wie 2.Tim.4,10 berichtet, ging Titus später nach Dalmatien. Wir wissen nicht, ob sich Paulus und Titus, wie vereinbart, trafen.

2.Timotheusbrief

Paulus schreibt aus der Gefangenschaft in Rom, nachdem er erneut festgenommen worden ist. Er hat schon ein Verhör hinter sich (2.Tim.4,16-17) und scheint seiner Hinrichtung entgegenzugehen. Er muß allerdings zuvor noch unterwegs gewesen sein: Er hat seinen Mantel und einige Bücher in Troas gelassen. (2.Tim.4,13) Er war auch in Milet und in Korinth, wo er Freunde zurückließ. (2.Tim.4,20)

Dies scheint der letzte Brief des Paulus zu sein. Frühe Quellen überliefern darüber hinaus eine Spanienreise des Paulus vor seiner zweiten Gefangennahme. Er hatte sie jedenfalls schon vor seiner ersten Verhaftung geplant. (Röm.15,24)

Stichwortverzeichnis